KATIE NOVAK, EdD

DÉJALOS
Crecer

Una guía para ayudar a tu hijo a
tener éxito en la escuela y en la vida

Copyright © 2024 por CAST, Inc. Todos los derechos reservados.

Derechos de traducción © 2024 Cast, Inc.

Todos los derechos reservados. Ninguna parte de esta publicación puede ser reproducida o transmitida de ninguna forma o por ningún medio, electrónico o mecánico, incluyendo fotocopias, grabaciones o cualquier tipo de almacenamiento de información y sistemas de recuperación, sin permiso por escrito del editor.

Tapa blanda (español) ISBN 978-1-943085-34-7
Libro electrónico (español) ISBN 978-1-943085-33-0

Publicado por:

CAST Professional Publishing
editorial de CAST, Inc.
Lynnfield, Massachusetts, EE.UU.

Para información sobre descuentos especiales por compras al por mayor, por favor envíe un correo electrónico a publishing@cast.org o visite *www.castpublishing.org*

Diseño de portada e interior por Happenstance Type-O-Rama
Ilustraciones de Lindie Johnson. © CAST 2017. Todos los derechos reservados.
Traducción de Verba Volant, Santiago, Chile

A Torin, Aylin, Brecan y Boden,

Esta es tu vida. Vívela a tu manera.

Y nunca olvides que tu camino hacia el éxito incluirá luchas, errores y fracasos, eso es solo una parte de la magia. Te amo más de lo que sabes.

Con amor, Mami

CONTENIDO

Prólogo de Paula F. Goldberg — vii

Capítulo 1: **Diferentes niños, diferentes tamaños** — 1

Capítulo 2: **Activar el cerebro para que pueda aprender** — 17

Capítulo 3: **El valor de la variabilidad** — 37

Capítulo 4: **Poder elegir no es solo agradable, es necesario** — 75

Capítulo 5: **Lo que los maestros enfrentan** — 89

Capítulo 6: **DUA en acción** — 103

Capítulo 7: **Elevar esas expectativas** — 127

Capítulo 8: **Un llamado a la acción** — 139

    Notas — 149
    Para más información — 155
    Agradecimientos — 157
    Sobre las autoras — 161

PRÓLOGO

En 1975, el Congreso de los Estados Unidos aprobó la Ley de Educación para Individuos con Discapacidades (IDEA), conocida entonces como Ley de Educación para Todos los Niños Discapacitados o Ley Pública 94-142. Esta ley garantizaba a los niños con discapacidad el derecho a una educación pública adecuada y gratuita. Antes de IDEA, muchos niños estaban institucionalizados o educados en entornos segregados. La nueva ley dio a los estudiantes y sus familias esperanza para un mejor futuro. Aunque la aprobación de IDEA fue una victoria increíble para las familias de niños con discapacidades, sabíamos que su promesa no se cumpliría a menos que los padres fueran informados de sus derechos y responsabilidades.

Trabajando con un grupo de organizaciones de discapacidad, cofundé el Centro PACER para proporcionar a los padres el conocimiento, las habilidades y los recursos necesarios para abogar por las necesidades educativas de sus hijos y convertirse en aliados significativos de las escuelas según lo requiere la ley. En 1978, PACER se convirtió en uno de los primeros centros de información y capacitación para padres financiado con fondos federales. La filosofía "Padres Ayudando a Padres" ha seguido guiando nuestro trabajo mientras nuestra organización ha crecido hasta contar con más de 30 programas locales, estatales, nacionales y globales. PACER se asegura que las familias tengan la información que necesitan para que sus hijos reciban una educación basada en sus necesidades únicas, ya sea abordando las preocupaciones de la primera infancia, ayudando a los estudiantes a acceder a tecnología de apoyo, o asistiendo a los jóvenes en la transición de la escuela secundaria al trabajo.

En 1999, PACER se asoció con la Facultad de Derecho de Harvard, el Boston College, el Consejo para Niños Excepcionales y CAST (Centro de Tecnología Especializada Aplicada) para formar el Centro Nacional de Acceso al Currículo General. Esta alianza, financiada por la Oficina de Programas de Educación Especial del Departamento de Educación de los Estados Unidos, exploró formas de hacer que las salas de clase fueran más inclusivas y eficaces para los estudiantes con discapacidades. En ese momento, CAST, que organizó y lideró esta asociación, había desarrollado recientemente el término *Diseño Universal para el Aprendizaje* (DUA) y sus principios orientadores.

El marco del DUA sugiere proporcionar muchos métodos para que todos los aprendices logren metas académicas comunes. Este enfoque une la educación general y especial de manera práctica para ayudar a estudiantes con y sin discapacidades. Actualmente, el DUA está integrado en la política educativa de Estados Unidos y en la práctica diaria de muchos maestros en todo Estados Unidos y Canadá. La defensora de los derechos de las personas con discapacidad, Martha L. Minow, exdecana de la Facultad de Derecho de Harvard, califica al Diseño Universal para el Aprendizaje (DUA) como "una de las pocas ideas grandes y verdaderamente transformadoras que han surgido en la educación en las últimas dos décadas." Aunque el concepto de DUA ha existido durante casi dos décadas, las familias aún necesitan información sobre cómo sus principios pueden beneficiar a sus hijos y a todos los estudiantes.

Katie Novak es una maestra con mucha experiencia, administradora de un distrito escolar y autora de tres libros populares para maestros sobre el DUA. También es madre de cuatro hijos. Ella entiende, como afirma en el primer capítulo de este libro, que "Aunque nuestros hijos son muy diferentes unos de otros, todos trabajamos hacia el mismo objetivo: niños que crecen para ser adultos felices y exitosos".

Este libro ayuda a los padres a comprender cómo los principios y prácticas del Diseño Universal para el Aprendizaje pueden ayudar a los estudiantes con discapacidades a tener éxito a su manera única. En un tono atractivo y conversacional, Novak comparte valiosos consejos sobre cómo los padres pueden convertirse en aliados clave en el esfuerzo por mejorar la educación para todos los aprendices, especialmente aquellos con discapacidades. Ofrece ejemplos específicos de cómo los maestros pueden adaptar sus lecciones al aula para satisfacer las necesidades individuales de los estudiantes.

A lo largo del libro, explica por qué los padres y cuidadores son tan importantes en este proceso. Los padres son los mejores defensores de sus hijos y conocen mejor que nadie sus fortalezas y dificultades. Con el DUA, los padres tendrán un marco de referencia que les ayudará a comunicarse con los maestros para ayudar a sus hijos a tener éxito. Agradezco la incorporación de *Déjalos Crecer* a la literatura sobre mejora escolar porque Katie Novak encarna el valor de PACER de "padres ayudando a padres" de manera admirable.

PAULA F. GOLDBERG
Directora Ejecutiva, PACER Center

Capítulo 1

DIFERENTES NIÑOS, DIFERENTES TAMAÑOS

Cuando una puerta se cierra, otra puerta se abre, pero a menudo miramos durante tanto tiempo y con tanto pesar la puerta cerrada, que no vemos las que se abren para nosotros.
—ALEXANDER GRAHAM BELL

El día de San Valentín de 1876, un abogado de rostro serio se acercó apresurado a la oficina de patentes de Estados Unidos con los documentos detallados de un invento que cambiaría para siempre la comunicación humana. Quinto en la fila, el abogado de Alexander Graham Bell solicitó la primera patente estadounidense para la invención del teléfono. La patente básica de Bell (No. 174.465) se emitió tres semanas después. Esta patente cambió el mundo. El Teléfono de Bell estaba construido con un marco de madera, del tamaño de un microondas moderno, tenia la capacidad de transmitir la voz humana a través de un cable eléctrico. En el momento de su muerte en 1922, los teléfonos se utilizaban en todo el mundo industrial.[1]

Hoy en día, los teléfonos son computadores poderosos que nos permiten realizar llamadas inalámbricas en todo el mundo, conversar por video, leer libros digitales, pagar las cuentas, escuchar instrucciones de navegación, ver televisión en vivo, tomar fotos, hacer videos profesionales, y mucho más. El Teléfono de Bell es tan solo un artefacto, una pieza de museo obsoleta que nadie querría o necesitaría usar. ¿Por qué? La respuesta, por supuesto, es el progreso. La ciencia y la innovación nos han dado mejores herramientas. Además, nuestras necesidades han cambiado.

Con este enorme cambio de perspectiva sobre la comprensión de la tecnología de las comunicaciones, permítanme pedirles que consideren otro enfoque. Pensemos en cómo la educación de los jóvenes también ha experimentado una evolución espectacular.

Hasta hace poco, los estudiantes recibían una educación basada en modelos tradicionales que eran estáticos y se centraban en que los maestros impartieran un plan de estudios "único" para todos los estudiantes. Los maestros tenían un libro de texto o un plan de estudios, y avanzaban a través de ese plan de estudios a un ritmo predeterminado por el maestro, la escuela o el distrito, mientras los estudiantes se sentaban tranquilamente en filas. Los estudiantes eran considerados receptáculos; el conocimiento se "depositaba" en el cerebro, como si el cerebro fuera pasivo y receptivo y los maestros fueran los proveedores de esa información. Cuando las evaluaciones sugerían que el conocimiento no se había depositado adecuadamente, la atención a menudo se centraba en el estudiante y en sus deficiencias. Había un fuerte énfasis en "arreglar" a los estudiantes para que pudieran encajar en este molde desactualizado.

Ahora sabemos que, si queremos que todos los estudiantes tengan éxito, necesitan un entorno escolar más flexible; los maestros deben comprender y valorar las diferencias de los estudiantes; y los padres deben ser conscientes de la importancia de su papel en el apoyo a las escuelas y a esta nueva idea de educación "personalizada". Una educación personalizada no es aquella diseñada específicamente para cada estudiante. Más bien, es una educación diseñada desde el principio para proporcionar a *todos* los aprendices diversas formas de aprender y tener una experiencia de aprendizaje significativa.

Piensa por un momento en lo que tus hijos están aprendiendo en la escuela. Puede ser el ciclo de vida de una planta, la Guerra Civil, cómo utilizar el lenguaje figurado de forma eficaz o cómo resolver ecuaciones. Un libro de texto o programa de estudio se imparte de tal manera que se espera que los estudiantes aprendan el material utilizando los mismos recursos, al mismo ritmo y compartan lo que saben de la misma manera. A menudo, se espera que toda la clase realice una prueba de opción múltiple, escriban todos un ensayo sobre el mismo tema o completen guías de trabajo. Cuando los estudiantes "lo entienden", se considera que son buenos estudiantes. Cuando no lo hacen, a veces se les cambia de entorno, o reprueban, se retiran o se rebelan. Esta configuración es un ejemplo de un sistema educativo que es "único para todos". A menudo, los estudiantes no pueden elegir cómo van a aprender o cómo van a expresar lo que saben, y sus diferencias no son valoradas; de hecho, con frecuencia se les juzga de forma injusta e inexacta.

Para personalizar este proceso, los maestros pueden proporcionar opciones adicionales para los estudiantes.

Por ejemplo, en lugar de pedir a los estudiantes que lean capítulos de un libro y escuchen una clase expositiva para prepararse para un examen de opción múltiple (¡la tríada tradicional de la educación!), los maestros podrían ofrecer un menú de opciones. Los estudiantes pueden seguir leyendo el libro en silencio, pero también podrían escuchar una versión en audio, ver un vídeo que aborde el mismo contenido, investigar el concepto por su cuenta en Internet o sentarse con el maestro para hacer una presentación en grupos pequeños. Cuando terminen de construir su propia comprensión, podrán aplicar lo aprendido de forma auténtica. Algunos estudiantes podrían optar por el examen de opción múltiple, mientras que otros podrían escribir un ensayo, un blog o una serie de publicaciones en redes sociales, y otros podrían elegir por grabar un podcast, hacer una presentación para la clase o crear una aplicación o un vídeo que permita a otros estudiantes aprender los contenidos.

En este escenario, todos los estudiantes están aprendiendo y trabajando para comprender el mismo contenido, pero debido a que se les dan opciones, pueden personalizar su camino. En este escenario, la relación estudiante-maestro evoluciona a medida que la educación pasa de ser dirigida por el maestro a ser dirigida por el estudiante. Cuando los estudiantes no tienen la oportunidad de personalizar su educación, pueden terminar pensando que simplemente no es posible para ellos ser estudiantes exitosos porque tienen dificultades con la lectura, o para concentrarse en una clase expositiva o en los exámenes de opción múltiple, o todas las anteriores. Esta suposición incorrecta podría hacerles pensar que la educación simplemente no es para ellos. La investigación respalda que muchos estudiantes se sienten así.

Por ejemplo, menos de la mitad de los estudiantes de octavo grado en Estados Unidos son lectores competentes. ¡Más de 1.3 millones de estudiantes abandonan la escuela secundaria cada año, una clara señal de que estos jóvenes no creen que el éxito en la escuela parezca alcanzable. Los resultados son aún más desalentadores para los estudiantes con dificultades de aprendizaje y atención. ¡En todo Estados Unidos, solo el 63 por ciento de los estudiantes con discapacidades se graduaron de la escuela secundaria en 2014, una tasa un 20 por ciento más baja que el promedio nacional.[2] ¿Y qué tal el hecho de que solo la mitad de los estudiantes consultados en una encuesta de Gallup señalan que tienen esperanza o están comprometidos con su educación?[3] Eso ya no es aceptable. Es hora de que las escuelas se adapten a los estudiantes y se alejen de una práctica que comienza a parecerse un poco al teléfono de Bell. Necesitamos un marco educativo que nos brinde mejores resultados para todos los estudiantes, y para hacer esto, necesitamos hacer la transición hacia el aprendizaje dirigido por el estudiante, donde los maestros guíen la toma de decisiones de los estudiantes, brinden retroalimentación y se conviertan en entrenadores en sus trayectorias de aprendizaje personalizadas. Si podemos trabajar juntos para impulsar estos cambios, más estudiantes tendrán esperanza en la escuela y estarán comprometidos con su educación, y continuarán hasta la graduarse y más allá. La concepción anticuada de cómo aprenden los niños está impidiendo que muchos estudiantes tengan éxito.

A medida que se publican nuevas investigaciones, aprendemos más sobre la mejor manera de involucrar a todos los estudiantes y mejorar sus resultados académicos. Cuando numerosos estudios de investigación sugieren que hay estrategias concretas que podemos utilizar para asegurar que nuestros hijos tengan mejores oportunidades de éxito, debemos tratar de entender *cuáles* son esas estrategias, *por qué* son importantes y, lo más importante, *cómo* se pueden implementar en el aula.

De eso se trata este libro. *Déjalos Crecer tiene* como objetivo proporcionar a los padres las estrategias más efectivas para apoyar a los niños y prepararlos para el éxito en la escuela y en la vida. El propósito de esto es doble. Primero, es porque, como padres, podemos usar toda la ayuda que podamos obtener. La crianza de los hijos es un trabajo agotador y, a veces, ingrato, pero también es el trabajo más gratificante del mundo cuando hacemos las cosas bien. Aunque nuestros hijos son muy diferentes unos de otros, todos trabajamos hacia el mismo objetivo: niños que crecen para ser adultos felices y exitosos. ¿Cómo llegan los niños a ser felices y exitosos? Aprenden a motivarse a sí mismos, a perseguir lo que quieren en la vida y a recuperarse de los contratiempos o decepciones.

Los adultos que triunfan son ingeniosos y poseen conocimientos suficientes para encontrar lo que necesitan para que su vida sea agradable y tenga sentido. ¿Cómo inculcamos estas habilidades en nuestros hijos? Los adultos que triunfan también son estratégicos, porque en nuestro mundo no son nuestros pensamientos o sueños los que nos definen sino lo que logramos. ¿Podemos, como padres, ayudar a nuestros hijos a convertirse en pensadores y hacedores más estratégicos? ¿Fabricantes y creadores? Podemos hacerlo cuando aprendemos sobre las mejores prácticas en educación y tratamos de incorporarlas a nuestro repertorio de crianza.

Cuando sepas qué sucede en el cerebro cuando los niños aprenden, podrás reflexionar sobre cómo "personalizar" la crianza para tus hijos y ayudarles a desarrollar habilidades críticas para su futuro.

El segundo propósito de este libro es brindar a padres como usted la información que necesitan para entender cómo maximizar la experiencia escolar de sus hijos. ¿Qué medidas puedes tomar para asegurar que tu hijo y todos los estudiantes aprovechen al máximo el entorno escolar para mejorar sus posibilidades de éxito? Y cuando hablo del medio escolar, no me refiero a la arquitectura del edificio, la tecnología llamativa de una escuela o el tamaño de la clase; estos elementos no predicen cómo les irá a nuestros hijos en el futuro. Estoy hablando de cómo pensar en lo que los maestros hacen (o no hacen) en las aulas para diseñar planes de estudio e instrucción que sean relevantes para todos los estudiantes y les brinden oportunidades para practicar las habilidades que necesitarán en su futuro. De ninguna manera estoy culpando a los maestros aquí. Yo soy maestra y tengo a esta profesión en la más alta estima. Mi problema es cómo los maestros a menudo siguen atrapados en la forma en que las escuelas entregan la educación. ¡Tantos maestros y administradores bien intencionados están limitados por el antiguo enfoque de cómo los niños aprenden y el entorno escolar restrictivo que proviene de creencias desactualizadas sobre cómo los estudiantes deberían aprender!

Nunca he conocido a un maestro que no estuviera receptivo a implementar nuevas prácticas innovadoras para personalizar la educación de todos los estudiantes. De hecho, las conferencias de maestros son más como conciertos de rock que seminarios de desarrollo profesional, porque cuando los maestros comprenden lo flexible y accesible que puede ser la educación para ellos y sus estudiantes, se llenan de una energía increíble. Sin embargo, llegar a este punto de comprensión implica barreras que impiden a los maestros brindar a todos los estudiantes opciones para personalizar su camino hacia estándares rigurosos. ¡Conocer más sobre lo que los maestros enfrentan te ayudará a convertirte en un aliado y socio de ellos para que todos nuestros niños puedan acceder a oportunidades auténticas y significativas de aprendizaje que les ayudarán a alcanzar su propia definición de éxito, independientemente de su variabilidad!

Antes de discutir los desafíos que enfrentan los maestros todos los días, todos debemos recordar una cosa: los maestros son nuestros aliados y realmente quieren lo mismo que nosotros para nuestros hijos. Todos los padres quieren que sus hijos tengan éxito, y los maestros también lo desean. Todos sabemos que los maestros tienen una mezcla de fortalezas y debilidades, al igual que nosotros como padres, pero para asegurarnos de que todos los maestros se conviertan en maestros expertos, las escuelas y los padres deben valorarlos por lo que son y crear entornos donde todos puedan tener éxito. La enseñanza y el aprendizaje son variables modificables y se pueden enseñar las mejores prácticas en educación. Independientemente de que el maestro de su hijo ofrezca o no opciones para que los estudiantes personalicen su educación, hay que reconocerle su compromiso con el futuro de nuestros hijos.

Para poner la enseñanza en perspectiva, quiero comenzar diciendo que cada uno de ellos arriesgaría su vida por su hijo. Todos hemos escuchado las historias de maestros protegiendo a estudiantes de balas en tiroteos escolares, maestros sacando a estudiantes de edificios inundados y maestros donando sus propios sueldos para comprar lo que los niños necesitan.

En 2013, asistí a *NBC Education Nation* como maestra. Durante la transmisión en vivo, mostraron un video que todavía hoy me da escalofríos cuando lo recuerdo. Compartieron la cobertura del tornado que arrasó la Escuela Primaria Plaza Towers en Oklahoma y mató a siete estudiantes. Uno de los primeros que acudió al lugar, entre lágrimas, dijo: "Tuvimos que sacar un automóvil de encima de una maestra que estaba en el pasillo. No sé cómo se llamaba esa señora, pero tenía tres niños pequeños debajo de ella. ¡Buen trabajo, maestra! (Esos niños sobrevivieron, al igual que la maestra.)

Cuando hablamos de mejorar la enseñanza y el aprendizaje, es importante que valoremos el trabajo y el esfuerzo que los maestros dedican a nuestros hijos a diario. Antes de sumergirnos en lo que puede que no esté sucediendo en las aulas, es importante saber que los maestros están haciendo lo mejor que pueden con lo que tienen, y si queremos que mejoren, debemos abogar por sistemas que los valoren y les brinden oportunidades para personalizar la enseñanza y el aprendizaje, de modo que puedan satisfacer las necesidades de todos nuestros niños. Ellos cuidan y educan a nuestros hijos con sus vidas, y merecen nuestro aprecio, respeto y apoyo.

Como padre o madre, tómese un momento para pensar que, como adultos, aprendemos igual que nuestros hijos. Si hay algo que no hacemos bien es porque *aún* no hemos aprendido a hacerlo. Por ejemplo, yo no esquío. De hecho, puedo argumentar que esquiar para mí sería imposible y que nunca podría esquiar con mi esposo, quien en su apogeo podía esquiar en pistas doble diamante negro (o eso dice él . . .). Cuando las escuelas y los maestros dicen que no pueden satisfacer las necesidades de todos los estudiantes, están en el mismo lugar en el que estoy yo cuando miro una montaña nevada. Nosotros, como sociedad, tenemos que cambiar la perspectiva y darnos cuenta de que aún no podemos hacerlo, pero con el apoyo y entrenamiento adecuados, cualquier cosa está al alcance de nuestras manos. Esto aplica para nuestros hijos, nuestros maestros y nosotros.

Nuestros maestros enfrentan muchos desafíos. Comprender la lucha que enfrentan los maestros a diario en el aula es importante, para que podamos ver el aula a través de sus ojos y convertirnos en aliados para la educación de nuestros hijos. El cambio hacia el aprendizaje personalizado y dirigido por el estudiante requiere un esfuerzo y un cambio significativo por parte de los maestros, las escuelas y las familias.

DISEÑO UNIVERSAL PARA EL APRENDIZAJE: OPTIMIZAR LA EDUCACIÓN PARA TODOS

Para optimizar el acceso a una educación de calidad para todos nuestros niños, es necesario borrar las fronteras entre nuestros hogares y las escuelas. Lo que es mejor para nuestros hijos es lo mejor para ellos en nuestros hogares *y* dentro de las aulas. Todos queremos que nuestros estudiantes establezcan metas significativas y se esfuercen por alcanzarlas. Queremos que se sientan realizados y felices, y queremos que aprendan a perseguir lo que quieren en la vida. Para hacer esto, tanto los padres como los maestros necesitan brindarles opciones para que puedan personalizar su camino y lograr grandes cosas. Nunca ha habido una oportunidad tan grande de colaboración entre estos dos mundos. Esta oportunidad es posible gracias a un marco educativo, basado en la investigación científica que nos proporciona un lenguaje común.

Existe una cantidad tremenda de investigaciones que demuestran que la antigua forma de enseñar simplemente no funciona para todos los estudiantes. Las clases expositivas, los libros de texto y los exámenes de opción múltiple no son las mejores herramientas a disposición de un maestro, igual que el teléfono de Bell no se exhibe en la tienda de Apple. Conseguir el impacto necesario para dar a nuestros hijos las mismas oportunidades de éxito requiere un enfoque personalizado de la enseñanza y el aprendizaje.

Para hacer esto, necesitamos pensar de manera diferente acerca de las escuelas y nuestro papel como padres a la hora de apoyar a los maestros y la enseñanza. Las escuelas eficaces empoderan a todos los aprendices —maestros, estudiantes y padres— para enfocarse en la enseñanza y el aprendizaje. John Dewey, uno de los más grandes pensadores de la educación, en su libro *Cómo pensamos* en 1910,[4] dijo: "La enseñanza y el aprendizaje son procesos correlativos o correspondientes, igual que vender y comprar. Uno podría decir que ha vendido cuando nadie ha comprado, de la misma manera que podría decir que ha enseñado cuando nadie ha aprendido." Usando esta perspectiva, cuando nuestros hijos no han aprendido, nosotros como padres y maestros no hemos enseñado. Esto nos brinda a todos una increíble oportunidad de aprender más sobre las mejores prácticas en educación, para que estemos equipados con el conocimiento y los recursos para transformar la enseñanza y el aprendizaje en las escuelas y en casa.

Este marco, llamado Diseño Universal para el Aprendizaje (DUA), proporciona una base para mostrar a las escuelas y maestros cómo satisfacer las necesidades de todos nuestros niños mientras también les enseñan habilidades importantes para el futuro, como la autonomía, la creatividad y la resolución de problemas. Estas estrategias dan a todos los estudiantes una voz en el diseño y la entrega de su propio aprendizaje, y a medida que cambian y evolucionan como estudiantes, su educación cambiará y evolucionará con ellos, desafiándolos a llegar más lejos y lograr más. En resumen, no nos proponemos arreglar a los estudiantes. Nos proponemos arreglar nuestras escuelas.

Transformar nuestras escuelas es fundamental para el éxito, pero no es algo que los maestros, los administradores o los padres puedan hacer solos. Nuestras escuelas deben proporcionar una educación de alta calidad y atractiva a todos los estudiantes, para que estén comprometidos con su propio éxito. Esto tiene que ser así para todos los estudiantes, no sólo para los que llegan preparados para aprender; en otras palabras, todos los niños pueden convertirse en aprendices expertos. Pero para lograr este cambio de mentalidad, nosotros, como educadores y padres, tenemos que replantear la forma en que vemos la enseñanza y el aprendizaje. No podemos enseñar a todos los estudiantes de la misma manera. Podemos tener estándares, pero no podemos estandarizar a las personas, insistiendo en que todos aprendan y se expresen de la misma manera. Las escuelas y los maestros desean los mejores resultados para los estudiantes; quieren colaborar con los padres para preparar a los estudiantes para el éxito en la vida.

Este libro no está en contra de las escuelas. De hecho, es lo contrario: está a favor de las escuelas. Las escuelas tienen un poder tremendo y la educación tiene una oportunidad tremenda. Y hay cosas que podemos hacer para apoyar a las escuelas. Podemos promover que implementen el DUA, pero también podemos comenzar a incorporar los principios del DUA en nuestros hogares, cuando estamos apoyando a nuestros hijos con la tarea, cuando les pedimos que ayuden en la casa y cuando participan en competencias de baile, música o atletismo.

En este libro, compartiré contigo un conjunto de herramientas basadas en el marco del DUA. Las herramientas y el marco están destinados a ayudarte a comprender más sobre los matices de cómo tu hijo o estudiante en particular aprende. También aprenderás cómo se puede utilizar el DUA en el aula para diferentes tipos de aprendices. De hecho, verás cómo la única característica constante del aprendizaje es la variabilidad: todos los estudiantes aprenden de forma diferente y toman caminos distintos para lograr un objetivo.

Muchas de las prácticas que se llevan a cabo actualmente en las escuelas están listas para la extinción, al igual que el teléfono de Bell. Ahora sabemos más. La forma en que fuimos educados tuvo su época, y ahora esos días ya pasaron. Cuando se implementa el DUA, los estudiantes tienen más oportunidades para crear su propio camino y experimentar el éxito que se merecen. La forma en que se enseñaba a los estudiantes en el pasado no satisface sus necesidades ni se ajusta al mundo en el que vivimos, por eso es tan necesario el DUA.

Es hora de centrarse en el DUA para que nuestros hijos puedan experimentar una educación atractiva y significativa que les enseñe a soñar, a preguntarse, a crear y a nunca rendirse. El número de estudiantes a los que no les interesa su educación se ha convertido en una crisis nacional, lo cual es preocupante, especialmente porque hay una respuesta sobre cómo abordarlo: El DUA.

Puntos clave

- Muchos estudiantes son educados utilizando técnicas que ya no satisfacen sus necesidades actuales o futuras.

- Los padres y los maestros tienen una increíble oportunidad de trabajar juntos para asegurarse de que todos los estudiantes estén motivados y comprometidos con su educación.

- El Diseño Universal para el Aprendizaje (DUA) es un marco para la enseñanza y el aprendizaje, basado en décadas de investigación, que involucrará a todos los estudiantes en experiencias de aprendizaje significativas y personalizadas.

Capítulo 2

ACTIVAR EL CEREBRO PARA QUE PUEDA APRENDER

Como padres, queremos lo mejor para nuestros hijos. Queremos que sean felices, que caigan bien y que aprendan con facilidad. La realidad, sin embargo, es que el aprendizaje es un proceso complejo que requiere atención y esfuerzo. Todos los estudiantes aprenden de manera diferente y, como resultado, necesitan oportunidades para personalizar su educación. La única constante es que el aprendizaje requiere que tres áreas diferentes del cerebro se activen, se comuniquen y perseveren ante los desafíos.

Es posible que ciertos niños no sean estudiantes motivados, ya sea que asistan a la escuela o estudien en casa. Algunos niños deciden que su educación es demasiado difícil, aburrida o inútil. Estas reacciones no necesariamente se deben a problemas de aprendizaje o atención, ni porque haya algo que necesite ser "arreglado" con su hijo; los niños responden a la escuela de diversas formas porque sus entornos de aprendizaje actuales rara vez están diseñados de manera que les ofrezcan la flexibilidad que necesitan para tener éxito. Si queremos que los estudiantes aprendan, todos los maestros tienen que diseñar e impartir la enseñanza de modo que los estudiantes tengan oportunidades de activar las redes del cerebro que tienen que estar encendidas para que tengan éxito. Para hacer esto, los maestros necesitan la libertad y autonomía para proporcionar a los estudiantes opciones sobre cómo aprenden y cómo expresan lo que saben. Esto requiere que los administradores de las escuelas comprendan el DUA para que puedan ofrecer a los maestros el desarrollo profesional y la capacitación que necesitan para diseñar una educación que satisfaga las necesidades de todos los estudiantes. Los planes de estudios preestablecidos, las guías para la planificación curricular y los exámenes estandarizados son prácticas comunes en la educación actual, y constituyen barreras que pueden superarse cuando nosotros, como padres, promovemos los cambios que requieren los sistemas para satisfacer las necesidades de nuestros maestros y nuestros hijos.

Para ayudarte a comprender mejor lo que necesitan los niños para aprender, piensa en el cerebro como un sistema de calefacción. Cuando hace frío en tu casa, lo único que quieres es encender el sistema de calefacción y seguir con tu día. Del mismo modo, cuando tus hijos se sienten frustrados, se rinden con demasiada facilidad o no quieren aprender ni hacer las tareas que se les piden, a ti te gustaría simplemente accionar un interruptor para "encender" el modo aprendizaje. Pero el aprendizaje no es instantáneo, del mismo modo que la calefacción no calienta la casa a la temperatura deseada en segundos.

He aquí un ejemplo de ello: Imagina que estás en un paraíso nevado. Las temperaturas están bajo cero, pero se puede esquiar muy bien (¡o tal vez sólo quieras pasar el día en el spa!). Tras un largo día en las montañas o recibiendo un masaje con piedras calientes, la familia vuelve a casa para abrigarse.

En vez de eso, entras a la casa y puedes ver tu respiración. Inmediatamente comienzan las quejas de las masas:

"Está muy helado. Voy a volver al automóvil".

"Puaj. Odio esta casa. Te dije que deberíamos habernos mudado a Florida".

"Mamáaaa, papáaaaa, me tocó con las manos heladas".

Haciendo caso omiso de las quejas, te diriges directamente al termostato. Por alguna razón, está configurado a 40 grados. Un preadolescente murmura por encima de tu hombro: "A mí me parece que hace más frío", y te empuja a un lado para golpear la flecha, intentando calentar la habitación. "Todavía se siente igual. Esa cosa estúpida no funciona".

Todo lo que quieres en este momento es un té caliente y calor instantáneo, pero el calor no es instantáneo.

Lo mismo ocurre con el aprendizaje. Aprender es un proceso, una experiencia multidimensional que necesita ser personalizada para cada uno de nosotros porque estamos más comprometidos en aprender sobre cosas que nos inspiran, que nos interesan y que nos ayudan a alcanzar nuestras metas. Y esto requiere tiempo y esfuerzo. Si fuera instantáneo o fácil, no sería tan gratificante lograrlo. La lucha y lo que tenemos que superar para lograr nuestros objetivos es lo que nos impulsa.

Es muy fácil dar por sentado los sistemas complicados y olvidar todas las piezas móviles que son necesarias para que un sistema completo funcione correctamente. Por un momento, piensa en los componentes principales de un sistema de calefacción. Si por alguna razón una de las partes no se activa, no podrás calentar tu casa. Todos los sistemas de calefacción funcionan de manera ligeramente diferente (al igual que todos los niños aprenden de manera diferente), pero para esta analogía vamos a comparar el cerebro con una caldera de aire. Una caldera de aire tiene tres componentes básicos que deben trabajar juntos para producir calor: el termostato, el quemador y el ventilador.

Un termostato activa todo el proceso de calentamiento. Una vez que se establece la temperatura del termostato, se comunica con el quemador para indicarle que se encienda o apague para que la casa alcance la temperatura deseada. El quemador debe reconocer la orden del termostato y comenzar a activar todas sus partes, incluida su bomba y su motor. Por último, tienes el ventilador que distribuye el calor producido por el quemador. Si alguna de estas piezas no funciona, no importa la temperatura que hayas puesto en el termostato: tu objetivo de estar abrigado será una ilusión.

Técnicamente, podríamos hablar de las partes de un sistema de calefacción de aire de forma aislada, pero basta con decir que, si alguna o todas las partes no funcionan, vas a estar buscando las mantas y deseando un clima más cálido.

El aprendizaje es un proceso que ocurre en tres áreas del cerebro, y los padres, los maestros y las escuelas pueden ayudar a fomentar ese proceso si comprenden el sistema y cómo funciona. El cerebro humano es similar a este sistema de calefacción porque hay tres redes del cerebro que tienen que trabajar juntas para producir aprendizaje: la red afectiva, la red de reconocimiento y la red estratégica.

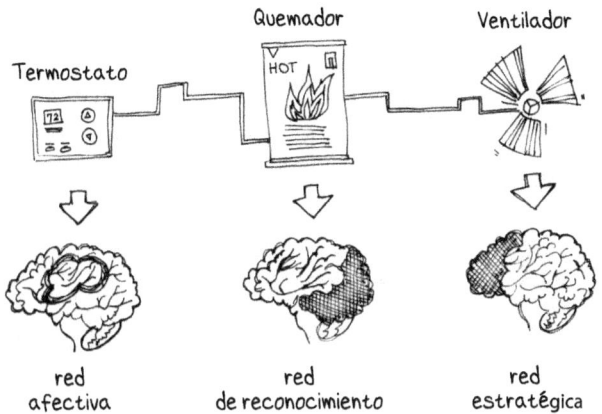

Conocer el propósito de cada una de las tres redes es fundamental para comprender cómo aprenden nuestros niños. Para que se produzca el aprendizaje, tienen que suceder tres cosas. Primero, los aprendices tienen que estar motivados y tener un propósito, lo que ocurre en la ***red afectiva***. Si una clase no es interesante o significativa, o si nuestros hijos carecen de la capacidad para comprometerse con la tarea, el proceso de aprendizaje no comienza de buena manera. Una vez que la red afectiva ha iniciado el proceso, los aprendices deben ser capaces de construir su comprensión y conocimiento en la ***red de reconocimiento*** utilizando recursos a los que puedan acceder y que les resulten significativos. Por último, tienen la oportunidad de expresar lo que han aprendido de manera auténtica activando su ***red estratégica***. Para simplificar este proceso y resaltar las conexiones entre las tres redes:

- La red afectiva tiene que estar motivada.

- La red de reconocimiento tiene que ser ingeniosa.
- La red estratégica tiene que ser autónoma.

. . . si queremos que los estudiantes se conviertan en aprendices expertos.

LA RED AFECTIVA

Piense en la red afectiva como el termostato del cerebro durante el aprendizaje. Es el *por qué* del aprendizaje. Si queremos que nuestros hijos amen aprender, debemos captar su interés y ayudarles a identificar una meta significativa (es decir, conectarlos con el motivo por el cual cierta información, por ejemplo, es relevante y significativa de aprender). Cuando los niños saben el *por qué*, es más probable que se esfuercen. Sin embargo, luego de captar su atención debemos seguir con perseverancia. Como todos sabemos bien, no es suficiente solo captar la atención de nuestros hijos. El éxito, o cualquier cosa que valga la pena lograr, requiere un esfuerzo significativo y la capacidad de autorregularse o enfrentar desafíos cuando las cosas se ponen difíciles (¡porque lo harán!), estas habilidades también son parte de la red afectiva. Un termostato no sirve de nada en casa si no puede trabajar con el sistema de calefacción en su conjunto para regular su temperatura.

Aprender requiere que nuestros hijos regulen sus emociones y se mantengan comprometidos incluso cuando las cosas se ponen difíciles, y esa es una habilidad que se aprende con el tiempo. A medida que los niños experimentan nuevas situaciones en casa y en la escuela, su red afectiva intenta percibir un propósito y un valor. Una investigación reciente

midió el tiempo que tarda uno en causar una primera impresión o reaccionar ante una nueva situación.[5] ¿La respuesta? Una décima de segundo. Aun cuando los investigadores dieron a los participantes la oportunidad de emitir juicios sin límite de tiempo, sus impresiones no cambiaron. Por lo tanto, la red afectiva se activa rápidamente. Cuando está activada, busca dar sentido a las cosas, fijarse objetivos, esforzarse y hacer frente a los desafíos. ¿Y cuando no está activada?

Si un termostato está a 40 grados, el sistema no sabe *por qué* es importante estar a unos templados 72. Del mismo modo, cuando la red afectiva no se activa, el aprendizaje no se produce por aburrimiento, falta de interés o falta de atención, o porque el aprendiz no sabe *por qué* es importante, o no sabe cómo autorregularse cuando el proceso requiere más esfuerzo o capacidad de adaptación de la que tiene. Cuando la red afectiva del cerebro no está activada, se muestra desesperada, frustrada y desmotivada. Del mismo modo que un sistema de calefacción no producirá calor si el termostato no se ha activado, los estudiantes no experimentarán un aprendizaje auténtico si no se ha activado su red afectiva.

Una vez asistí a una conferencia que comparaba mantener activada la red afectiva con una vaca que intenta abrirse camino a través de un campo de maíz. Es una analogía bastante extraña, pero funciona. Por un momento, imaginemos una vaca que tiene que caminar alrededor de un campo de maíz gigante para llegar a pastar. Es una larga caminata. Un día, la vaca se da cuenta de que sería mucho más rápido pasar justo por el medio del campo. La motivación está ahí, pero no será un viaje fácil la primera vez. La pobre acabará rasguñada por las cáscaras; los tallos se partirán bajo su peso; y a medida que avance por el campo, su camino se cerrará tras ella. A la larga, la vaca podría entrar en pánico, ya que se encuentra en territorio desconocido y no sabe qué camino tomar. Finalmente, después de luchar y caminar en círculos, la vaca finalmente saldrá.

En este punto, la vaca tiene dos opciones: 1. Nunca lo vuelvas a hacer, o 2. Sacúdete el polvo, ponte de pie y vuelve a intentarlo al día siguiente, aunque vaya a ser difícil. Sin embargo, no será tan difícil, ya que hay pistas sobre hacia dónde ha ido la vaca antes . . . una mazorca de maíz rota, huellas de pezuñas si miras de cerca . . . pero tampoco será fácil. Dado que aprender es un desafío, los estudiantes deben adentrarse continuamente en territorio desconocido (es decir, el campo de maíz) incluso cuando están motivados para tener éxito. Intentar algo nuevo puede dar miedo porque requiere vulnerabilidad y esfuerzo, y el éxito no se conseguirá de inmediato.

La investigación nos dice que el éxito lleva mucho tiempo, realmente mucho tiempo. En el libro más vendido de Malcolm Gladwell, *Fuera de Serie (Outliers): La historia del éxito*, analiza el éxito de personas que se han elevado por encima de sus competidores para convertirse en los más grandes en sus campos, incluidos los Beatles, Steve Jobs y Bill Gates. ¿Qué encontró? Gladwell popularizó la "Regla de las 10.000 horas" para resaltar lo que todas las historias de éxito tienen en común. En todos los casos, un individuo tremendamente exitoso tuvo la oportunidad de practicar durante el equivalente a 10.000 horas[6] sin excepciones.

No todo el mundo se convertirá en un "fuera de serie" ni siquiera con 10.000 horas. Gladwell ha enfrentado y respondido críticas de que la regla es una generalización excesiva. Por supuesto, responde, nadie se convierte en una superestrella sin tener también talento innato.[7] Pero está claro que el éxito depende de la capacidad de uno para comprometerse a practicar una y otra vez, a hacer el largo viaje.

El mensaje para nosotros como padres es que, si queremos que nuestros hijos tengan éxito, tenemos que enseñarles a comprometerse con algo y a ver el éxito como un viaje, no como algo que ocurre en el primer intento o si tienen suerte. La experiencia afectiva, por lo tanto, es cuando nuestros hijos están "en la zona". Cuando están motivados para lograr una meta y no dejan que nada se interponga en su camino, experimentan el aprendizaje como algo positivo y motivador. Es posible que experimenten contratiempos y dificultades, pero seguirán persistiendo y enfrentando estas decepciones, porque saben *por qué* se esfuerzan tanto. El destino vale la pena por todo el esfuerzo del viaje. Esta regla de las 10,000 horas es una evidencia adicional de por qué la red afectiva necesita tanto atención como compromiso para lograr sus objetivos.

LA RED DE RECONOCIMIENTO

Si la red afectiva es el termostato del cerebro, la red de reconocimiento es el quemador. El quemador de un sistema de calefacción tiene que entender la información enviada por el termostato para saber *qué* debe hacer. De manera similar, la red de reconocimiento gestiona el *qué* del aprendizaje. Su trabajo es recibir información y traducirla.

El quemador de un sistema de calefacción tiene que tomar la información proporcionada por el termostato y traducirla en un mensaje significativo para el resto del sistema. ¿Tiene que generar calor o tiene que dejar de generarlo? Interpretar correctamente este mensaje es fundamental para que el sistema de calefacción pueda funcionar de forma eficaz y óptima. En otras palabras, si el mensaje es confuso por cualquier motivo, el funcionamiento del sistema se verá afectado, normalmente de forma negativa.

¿En qué se parecen los aprendices al quemador de un sistema de calefacción? Al igual que el quemador, si el cerebro de un aprendiz (concretamente la red de reconocimiento de su cerebro) recibe un mensaje poco claro, confuso o en un

lenguaje irreconocible, ese quemador no se "encenderá". En otras palabras, el aprendizaje no ocurrirá.

Como padres, sabemos que, si damos a todos nuestros hijos las mismas instrucciones, tendrán interpretaciones muy diferentes de ese mensaje, lo cual es resultado de la gran variabilidad en la forma en que los niños reconocen e interpretan la información. La forma en que los aprendices comprenden la información es única, por lo que el *qué* de su aprendizaje debe ser apropiado para su edad, ajustarse a un conjunto específico de estándares u objetivos y estar bien organizado. Además, el emisor de la información (normalmente el maestro) tiene que asegurarse de que el contenido es valioso o auténtico para ese estudiante.

Algunos niños reconocerán más fácilmente la información dependiendo de cómo se presente. Algunos estudiantes responden bien a las instrucciones verbales, mientras que otros sobresalen con las indicaciones visuales, mediante demostraciones o con textos impresos. Algunos aprenden la información rápidamente; otros necesitan más tiempo. Los niños pueden necesitar que se les repitan o aclaren instrucciones o que se les traduzca o explique vocabulario o símbolos. Para activar la red de reconocimiento, todos los estudiantes necesitan opciones sobre cómo van a adquirir nueva información.

Este *qué* del aprendizaje es fundamental para que nuestros hijos adquieran conocimientos y habilidades, sin embargo, muy a menudo las instrucciones y las clases se imparten de una sola manera. A menudo, la enseñanza se diseña para el mítico aprendiz promedio, que puede sobresalir escuchando una clase expositiva y leyendo textos impresos. Aunque estas prácticas son opciones adecuadas para algunos niños, no funcionan para todos. En una escuela inclusiva que valora a todos los aprendices, los estudiantes no tienen que ser educados en un entorno diferente para obtener lo que necesitan. Todos los estudiantes merecen saber *por qué* están aprendiendo, y también deben saber sobre *qué* están aprendiendo mientras están sentados juntos en clase.

LA RED ESTRATÉGICA

La tercera red del cerebro es la red estratégica. Una vez que la red afectiva se activa y nuestros hijos comprenden *por qué* están aprendiendo, y la red de reconocimiento ha interpretado *qué* necesitan saber, la red estratégica desarrolla el plan de acción para que puedan expresar el nuevo conocimiento o habilidad de una forma que quede claro *cómo* el aprendizaje es significativo y valioso.

En un sistema de calefacción, el calor es un subproducto tangible que se suministra desde el ventilador. Nuestros hijos también deberían enfrentarse al reto de alcanzar sus objetivos de forma auténtica. Sin embargo, los productos auténticos requieren esfuerzo, autorregulación, comprensión y

estrategia. Además, los productos auténticos no siempre son la norma en nuestras aulas. Por ejemplo, muchos maestros evalúan el conocimiento de los estudiantes utilizando un enfoque "único" como exámenes de opción múltiple, guías de trabajo o ensayos. Es posible que no permitan a todos los estudiantes comunicar sus conocimientos o habilidades, y desde luego no son productos auténticos, o que los aprendices utilizarían en el mundo real. Piense en este tipo de evaluaciones como en una ventilación cerrada. Puede que el calor se haya producido, pero no hay forma de dejarlo salir.

Las evaluaciones auténticas tienen aplicación en el mundo real y requieren autonomía y solución de problemas. En un entorno de aprendizaje de diseño universal, se diseña una evaluación auténtica para medir los resultados de las oportunidades personalizadas de aprender contenidos y habilidades y superar barreras.

Karen Gartland, educadora experimentada y coautora de la serie *Well Played: Construyendo el pensamiento matemático a través de juegos y rompecabezas numéricos*, es una experta en cómo desarrollar el pensamiento matemático a través de evaluaciones auténticas y atractivas. Para este libro proporcionó un ejemplo que permitirá ver cómo una evaluación diseñada de manera universal ofrece a los estudiantes opciones significativas para que expresen su comprensión de los conceptos matemáticos de una manera que importa.[8]

Imagina que tienes un hijo en quinto grado que necesita aprender a calcular el volumen de un prisma rectangular. Cuando nosotros íbamos a la escuela, probablemente practicábamos esta habilidad completando una serie de problemas o guías de trabajo, y haciendo una prueba o examen al final de la unidad. En lugar de estos métodos más tradicionales,

Gartland ofrece un ejemplo de una tarea del mundo real que permite a los estudiantes personalizar su viaje de aprendizaje y practicar la autonomía, la creatividad y la resolución de problemas. En el siguiente cuadro, veremos una explicación de la tarea que podría asignarse a los estudiantes. Imagina que tu hijo recibe una evaluación como ésta en lugar de un paquete de hojas de ejercicios. Notarás las oportunidades que tienen los estudiantes de personalizar su viaje mientras completan una tarea auténtica y atractiva.

Tarea

El director de nuestra escuela se ha enterado de que todos están trabajando en el volumen de un prisma rectangular y necesita de su ayuda. Quiere instalar un acuario afuera de la oficina principal (¡esto es real y será financiado por el consejo de estudiantes!). Los estudiantes de sexto grado están estudiando la vida marina y le han preguntado si puede ser un tanque de agua salada. Le han dado una lista de los tipos de peces que quieren en la pecera, cada uno de los cuales necesita un determinado volumen de agua para vivir. Ahora te toca a ti diseñar un acuario que cumpla con las especificaciones para el tipo de peces que quieren los estudiantes de sexto grado y que alcance en la entrada de la oficina de la escuela.

No hay una forma correcta o incorrecta de realizar este proyecto. Puedes utilizar sus libros de texto o utilizar sus dispositivos para buscar vídeos, o puedes pedirme que haga una presentación para tu grupo. Puedes utilizar calculadora y hojas de apoyo de matemáticas, o pedirme un ejemplo si lo necesitas. Puedes trabajar en grupo o solo.

> Independientemente de lo que decidas, no tengas miedo de probar cosas y cometer errores. El diseño, los materiales, tu viaje de aprendizaje y el producto final dependen de ti. Una vez que hayas definido las medidas adecuadas para tu tanque, puedes elegir cómo presentar los resultados al director. Puedes hacer un póster, escribir una carta o hacer un vídeo animado.
>
> Como super desafío, si tienes una idea mejor para ese espacio que siga permitiendo calcular el volumen de un prisma rectangular, ¡dímela en los próximos 10 minutos! Se tan creativo como quieras y recuerda que estoy aquí para apoyarte.

A medida que los estudiantes entran a clase, la tarea puede proyectarse en la pizarra y también puede haber guías impresas en las mesas. El maestro da las instrucciones verbalmente y se pasea por la clase para aclararlas si es necesario, y los niños se ponen a trabajar.

En este escenario, el maestro apoya a los estudiantes como entrenador, mientras observa a los equipos de estudiantes involucrados en la resolución creativa de problemas. El maestro puede observar a los grupos que analizan la lista de peces para determinar cuánta agua necesita cada uno, buscan una regla y se dirigen a la oficina para medir la superficie, dibujan posibles diseños y discuten cómo presentarán sus diseños una vez terminados. Algunos estudiantes trabajan solos, viendo vídeos en sus dispositivos mientras llevan auriculares. Otros estudiantes están en escritorios de pie; otros estudiantes están sentados en el suelo con papel kraft diseñando el tanque visualmente.

En nuestro ejemplo, los estudiantes tienen la opción de colaborar y personalizar su experiencia de aprendizaje mientras trabajan para alcanzar un estándar riguroso. La magia del ejemplo, sin embargo, es que hay muchas opciones integradas. Pueden elegir la forma que más les convenga. También pueden elegir expresar lo que saben de un modo que haga honor a sus fortalezas, lo que, a su vez, convierte el resultado en un producto auténtico, una pecera que ellos ayudaron a diseñar. Participar en una experiencia de aprendizaje de este tipo exige que el cerebro funcione como un sistema complejo para comprometerse con la tarea, aprender la información necesaria y compartirla de forma relevante y significativa.

DESARROLLANDO APRENDICES EXPERTOS

Como puedes ver en nuestro ejemplo, una evaluación auténtica requiere que las tres redes del cerebro se activen y se comuniquen entre sí: los tres sistemas tienen que funcionar en colaboración si queremos que nuestros hijos tengan éxito. Cuando los tres circuitos del cerebro se activan en nuestros hijos, los llamamos **aprendices expertos**. Un aprendiz experto es alguien que está motivado para mejorar y desarrollar continuamente sus habilidades mientras trabaja hacia un objetivo significativo y relevante de forma personalizada. Los aprendices expertos no cuentan necesariamente con el nivel más alto de habilidad o conocimientos, sin embargo, nunca se rinden y trabajan duro para alcanzar sus objetivos. Cada uno de nuestros hijos tiene el potencial de convertirse en un aprendiz experto si se le proporciona un entorno motivador que valore el proceso de aprendizaje más que el dominio de conocimientos específicos.

Por ejemplo, Richie Parker, diseñador de componentes de chasis y carrocería para Hendrick Motorsports, que nació sin brazos. Un vídeo ganador de un premio Emmy de ESPN destaca su trayectoria desde la infancia hasta convertirse en uno de los mejores ingenieros de la organización más ganadora de la NASCAR. Conduce un automóvil, suelda piezas de carrocería y hace todo su trabajo de ingeniería en su computador con los pies. Para tener éxito, ha tenido que aprender a hacer las cosas "a su manera", y ha superado varios obstáculos.

De niño, su objetivo era andar en bicicleta. Sin brazos, no podía andar en bicicleta de la forma tradicional, pero él y su padre, motivados, ingeniosos y estratégicos, fabricaron una bicicleta con unas manillas que llegaban hasta el pecho de Richie para que pudiera inclinarse hacia delante y manejar la bicicleta con la parte superior del cuerpo mientras pedaleaba. Sin duda, nada en la vida de Richie ha sido fácil, pero es un ejemplo asombroso de cómo los aprendices expertos no se rinden y, cuando no tienen éxito de una manera, encuentran otra.

En el vídeo, Richie nos ayuda a entender cómo piensa un aprendiz experto y cuenta: "La gente me decía que no podía hacer cosas, que no podía andar en bicicleta, que no podía vivir solo, que no podía conseguir un buen trabajo y mantenerme, que no podía ir a la universidad y graduarme. No escucho demasiado a la gente cuando me dice que no puedo hacer algo. No hay mucho que se interponga en mi camino."[9]

Necesitamos que todos nuestros hijos tengan esa misma mentalidad. Necesitamos que sepan que nada puede interponerse en su camino cuando se les motiva y anima a ser ingeniosos, y cuando tienen la oportunidad de hacer las cosas a su manera. Cuando a nuestros hijos se les dan opciones, tienen que tomar la iniciativa, fijarse objetivos y crear estrategias para tener éxito. Desde luego, esto no ocurrirá de la noche a la mañana, pero con suficientes oportunidades para practicar, los estudiantes desarrollarán estos músculos " autónomos " y sabrán que todo lo que necesitan para tener éxito ya está dentro de ellos.

Cuando tus hijos son pequeños, este aprendizaje autónomo tendrá un aspecto muy distinto que cuando son adolescentes, pero la premisa es la misma: ofrecerles opciones, darles estrategias para tomar decisiones y elegir opciones, y luego ayudarles a construir una estrategia para alcanzar sus objetivos. Si lo hacemos lo suficiente, el éxito llegará.

Cuando los estudiantes son autónomos y están motivados para aprender, están dispuestos a esforzarse, asumir riesgos y aprender de sus errores. Ahora es el momento. Nos encontramos al principio de un poderoso viaje en educación en el que los padres y las escuelas se unen para crear aprendices expertos preparados para abrazar su futuro. Los administradores de las escuelas y los maestros quieren lo mejor para los niños, pero a veces se aferran a pedagogías y políticas anticuadas que impiden el cambio a una educación más personalizada. Por eso tenemos que trabajar juntos para garantizar que todos los líderes escolares y maestros conozcan el Diseño Universal para el Aprendizaje (DUA), el marco que puede hacer realidad todo esto.

El marco del DUA proporciona una base para enseñar a las escuelas y a los maestros cómo satisfacer las necesidades de todos nuestros niños para activar las tres redes del cerebro.

Cuando el DUA se implementa con éxito, permite a los estudiantes tomar decisiones que les hacen más dueños de su aprendizaje, ya que pueden personalizar su viaje. Es suyo y, por tanto, mucho más significativo para ellos. Si nosotros, como padres, podemos promover el DUA y luego apoyar su implementación mediante la incorporación de los principios del DUA en nuestras prácticas de crianza, estaremos exactamente donde queremos estar, porque nuestro objetivo de criar niños exitosos y felices que siempre se esfuerzan por el éxito se habrá alcanzado y pocas cosas se interpondrán en su camino.

Puntos clave

- Los estudiantes aprenden mejor cuando las oportunidades de aprendizaje están diseñadas para activar las tres redes cerebrales fundamentales para el aprendizaje. Esto es importante para que los estudiantes sepan por qué están aprendiendo, qué están aprendiendo y cómo utilizarán el conocimiento o las habilidades en el futuro.

- ¡Todos nuestros niños pueden convertirse en aprendices expertos, cada uno de ellos!

- El objetivo del DUA no es el dominio del conocimiento; se trata del dominio del aprendizaje. Si queremos que nuestros hijos tengan éxito, deben conocerse a sí mismos como aprendices y saber cómo alcanzar sus metas.

Capítulo 3

EL VALOR DE LA VARIABILIDAD

Ralph Waldo Emerson, poeta del movimiento trascendentalista de mediados del siglo XIX, escribió: "La insistencia en ser consistente sin sentido es para las mentes pequeñas... Las almas grandes no tienen tiempo para eso." Él creía que el éxito requiere que seamos auténticos con lo que somos, aunque eso cambie de un día para otro. Intentar permanecer siempre igual es, según Emerson, ser de mente estrecha. Parece que nuestros hijos lo saben por naturaleza: sus intereses, estados de ánimo y actitudes cambian por momentos y no parecen preocuparse lo más mínimo por esta fluctuación constante. Como padre, es difícil mantener el ritmo.

Por ejemplo, una vez mi hijo Torin, de siete años, me despertó arrastrando los pies por el suelo de mi habitación y suspirando con fuerza mientras se ponía una camiseta blanca de polo.

"Mírame", dijo. "Me veo ridículo. Esta camiseta es lo peor. Se parece a las camisetas de papá". Bienvenidos al día de la foto en casa de los Novak. La lucha es real. Ahora bien, lo importante de esta historia es que el niño había elegido la misma camiseta de polo el fin de semana anterior porque era "genial". Estoy segura de que todos ustedes se sienten identificados.

En lugar de discutir, decidí aprovechar este momento como una oportunidad para una victoria en la crianza, que hay que aprovechar cuando se puede. "Sabes qué, amigo, tienes razón. Vístete como quieras", le dije. Parecía escéptico hasta que añadí: "Hablaré con papá".

Se sacó la camiseta y desapareció por el pasillo. Disfruté de mi genialidad mientras me cepillaba los dientes Le estoy enseñando a ser un individuo, pensé. Emerson, el gran poeta, estaría orgulloso. ¿A quién le importa si sale en la foto usando una camiseta simple? No es para tanto. Como todos saben, disfrutar de la gloria de la crianza siempre es el primer error.

Diez minutos después, bajó de un salto los últimos cinco escalones y entró en la cocina con una camiseta de fútbol americano de Oregón y el pelo de color verde fluorescente, que se había levantado y pintado con un espray de color que habíamos comprado para Halloween. Un montón de espray de color. Tenía en la mano mi secador de pelo. "Mamá, ¿me podrías ayudar? Necesito que el pelo se levante más". Lon, mi esposo, se atragantó cuando lo vio.

Mientras yo intentaba perfeccionar su mohicano esmeralda, él se admiraba en el espejo. "¡Mi pelo se ve increíble!" Entonces aproveché la oportunidad para hacerle algunos comentarios relacionados con sus habilidades para ayudarle en su camino a la fama en las fotos escolares.

"Me encanta que seas tan único." ¿Y si te lavaras un poco ese espray porque cuando seas mayor te parecerá una tontería haber tenido el pelo verde para la foto de la escuela?".

"¿Por qué pensaría eso? ¡Me veo increíble!

Intenté otra táctica. "Bueno, ¿y si en vez de eso te dejo teñirte el pelo mañana?".

EL VALOR DE LA VARIABILIDAD

No estaba mordiendo el anzuelo. De hecho, me dio mi propia ración de comentarios al respecto. "Mamá, haces cosas raras todo el tiempo y a la gente le gustas. Esto es lo que a mí me gusta". Touché.

Afrontemos los hechos. Todos nuestros hijos tienen su propia personalidad. Se diferencian de nosotros, se diferencian entre sí y, a menudo, cambian de un día para otro. ¿Cuántas veces te has despertado y te has preguntado: "¿Quién es este niño?"

Con mis cuatro hijos, a veces tengo la sensación de que la casa está siendo tomada de forma hostil por completos desconocidos. Sin embargo, aunque estos cambios constantes pueden ser frustrantes, también son mágicos. Si todos fuéramos iguales, la vida no sería nada divertida.

Dar a nuestros hijos la oportunidad de trazar su propio camino, fijar sus propias metas y reflexionar sobre su trayectoria es fundamental para su éxito, tanto en casa como en la escuela. De hecho, permitir y aceptar que nuestros hijos, independientemente de su edad, cambien de un día para otro es un paso importante que podemos dar como padres para sentar las bases para que se conviertan en aprendices expertos. Los adultos que logran grandes éxitos son aprendices expertos que saben lo que quieren y cómo conseguirlo, respetando todas sus fortalezas en el proceso y trabajando para superar sus debilidades. Si queremos que nuestros hijos sean felices y tengan éxito, nosotros no podemos definir qué es el éxito para ellos, sólo ellos pueden hacerlo. Tenemos que apoyarles incluso cuando su viaje tome giros bruscos, como sabemos que ocurrirá. ¡Por supuesto que podemos dar retroalimentación e intentar guiarlos en la dirección correcta, pero en última instancia, es su propio camino!

Si retrocedemos y recordamos las tres redes del cerebro, presentadas en el segundo capítulo, te darás cuenta de por qué es tan importante que los padres y los maestros utilicen múltiples estrategias para motivar a los niños, enseñarles cómo acceder a la información y permitirles expresar lo que han aprendido. Como padre, eso es muy difícil, porque si tienes varios hijos, sin duda interactuarás con ellos de distintas maneras. Ahora imaginemos a lo que se enfrentan los maestros cuando tienen una clase de más de 30 estudiantes que requieren enfoques de aprendizaje ligeramente diferentes. Los modelos educativos tradicionales enseñaban a los maestros a tratar a todos sus estudiantes como si fueran de "talla única". Pero ahora sabemos lo ineficaz e incapacitante que puede resultar, tanto para el maestro como para los estudiantes.

Como madre, quiero que todos mis hijos sean aceptados y valorados por lo que son, y sé que tú quieres lo mismo. Quiero que se fijen sus propias metas, que sigan su propio camino y que les guste en quién se están convirtiendo en el proceso. Cuando mis hijos toman decisiones por sí mismos, no quiero que nadie los vea como si fueran diferentes o estuvieran defectuosos. Sobre todo, cuando los envío a la escuela.

Como educadora, sé mucho sobre el tipo de niño que las escuelas, los maestros y los administradores han valorado históricamente. No eran los estudiantes de segundo grado con el pelo verde, ni los estudiantes que tienen dificultades u odian la lectura, ni los niños que lloran cuando se sienten frustrados en medio de un examen, ni los estudiantes que sencillamente no pueden permanecer sentados si se les pide que observen a su maestro en silencio durante seis horas. Por suerte, ahora se anima a los educadores de todo el país a tener en cuenta y valorar la variabilidad.

ANALIZANDO LA VARIABILIDAD EN DETALLE

La variabilidad es la mezcla dinámica y siempre cambiante de fortalezas y desafíos que constituye a cada individuo, así como la variedad de diferencias en cualquier grupo (una clase de estudiantes, por ejemplo). Todos los estudiantes tienen fortalezas y desafíos, que varían mucho en función de la tarea de aprendizaje. Por ejemplo, estoy segura de que podrías hacer una lista de diez cosas en las que eres excelente porque *ya* has desarrollado la capacidad o tienes un talento natural para realizar esas tareas. Por otro lado, podrías hacer una lista igual de áreas en las que no has desarrollado esa capacidad *todavía*.

Tenemos que llegar a un punto en este mundo en el que todos los padres y educadores comprendan que la variabilidad es la norma y la celebren. Como las personas son diferentes, necesitan diferentes experiencias en la vida para poder tener éxito. Voy a dar un paso atrás para hacer una analogía sobre la variabilidad y los zapatos.

Me encantan los zapatos de tacón alto rojos. A mí me funcionan. Ahora, imagina que yo fuera la dueña de la única zapatería de la ciudad y que lo único que vendiera fueran tacones rojos (de la talla 9,5, por supuesto). ¿Cómo te sentirías al respecto? No te preocupes si no son de tu talla. Te puedo cortar el dedo del pie o poner unos pañuelos dentro. ¿No puedes caminar con tacones? Te enseñaré a hacerlo, y si es necesario, puedo cortar los tacones con una sierra. ¿No te gusta el rojo? Nada que un poco de pintura no pueda arreglar. ¿Tienes un pie lesionado? Úsalos igual. ¿No te gustan? Es una lástima.

Ser padres y enseñar es un poco como tener una zapatería. Como maestros y padres, todos tenemos técnicas que nos funcionan, y las utilizamos repetidamente. Sin embargo, tenemos que recordar que no siempre funcionan para nuestros hijos, aunque hagamos adaptaciones y modificaciones. En el ejemplo anterior, si te obligara a ponerte mis zapatos, sería como un horrible homenaje a las feas hermanastras de Cenicienta. No puedo obligar a todos a llevar un solo tipo de zapato porque hay variabilidad en el tamaño de nuestros pies, en nuestro estilo y en el nivel de comodidad que exigimos a nuestro calzado, y eso cambia día a día. Si vas a la playa, necesitarás unos zapatos distintos a los que necesitas en una boda, porque tus necesidades han cambiado. La variabilidad no sólo espera estos cambios, sino que los hace suyos.

Como nuestros hijos manifiestan su variabilidad de muchas maneras, todos necesitan una combinación personalizada de experiencias de aprendizaje para tener éxito. Todas estas necesidades pueden —y deben— abordarse en

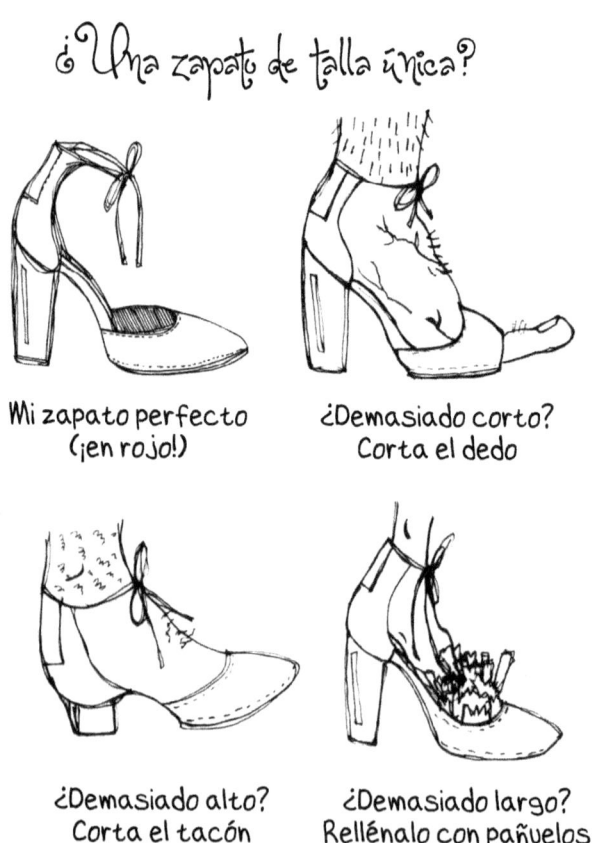

¿Una zapato de talla única?

Mi zapato perfecto
(¡en rojo!)

¿Demasiado corto?
Corta el dedo

¿Demasiado alto?
Corta el tacón

¿Demasiado largo?
Rellénalo con pañuelos

la misma aula. Así como esperamos entrar a una tienda de zapatos y encontrar algo perfecto para nosotros, nuestros hijos también merecen entrar a un aula con sus compañeros y encontrar algo perfecto para ellos. Las escuelas deberían trabajar con el objetivo de crear un entorno educativo en los estudiantes no necesiten programas separados para alcanzar el éxito.

Cuando las escuelas no valoran la variabilidad, a menudo tienden a caer en lo que yo llamo la "trampa de la capacidad" y crean diversos currículos y programas distintos para grupos de estudiantes basados en la capacidad percibida. Cuando las escuelas identifican grupos de estudiantes y hacen suposiciones de que los estudiantes no pueden ser educados junto a sus compañeros en entornos inclusivos, algunos estudiantes pueden no tener la oportunidad de desarrollar las habilidades necesarias para dirigir su propio aprendizaje, ser creativos y resolver problemas en colaboración con otros.

Dado a que algunos estudiantes nunca se les entregan las famosas "10.000 horas" para personalizar su aprendizaje de forma autónoma, pueden tener dificultades cuando les ofrezcan por primera vez la oportunidad de elegir por sí mismos las experiencias de aprendizaje, lo que puede considerarse una prueba más de que un estudiante simplemente "no sabe aprender". Esta suposición falsa y equivocada se basa en la falacia de la capacidad percibida, y no en el verdadero potencial de cada uno de los estudiantes. Nadie, ni siquiera nosotros como padres, sabemos lo que nuestros hijos son capaces de lograr.

Es importante tener en cuenta que, en un aula diseñada de manera universal, se satisfacen todas las necesidades de los estudiantes. Cuando trabajamos con educadores y padres en la implementación del DUA, como mencioné anteriormente, la gente se pregunta si el DUA realmente es para todos, especialmente para aquellos estudiantes con necesidades significativas e intensivas. La respuesta es sí, y una líder en el campo del DUA, Joy Zabala, lo confirma. Como especialista en tecnología, educadora especial, formadora de maestros y conferencista, la Dra. Zabala se ha ganado el reconocimiento internacional por su trabajo en tecnología de apoyo y el DUA. Según la Dra. Zabala, en un entorno inclusivo, los estudiantes con necesidades intensivas pueden necesitar apoyos adicionales o tecnologías de asistencia específicas que no están disponibles como opciones para todos los estudiantes, pero aún así se les pueden proporcionar a los estudiantes que las necesiten. La tecnología de apoyo es fundamental en estas aulas porque permite a los estudiantes participar y experimentar el aprendizaje junto a sus compañeros en lugar de solo observarlo. Una vez que todos los estudiantes están juntos en un entorno inclusivo, los maestros pueden planificar de manera proactiva oportunidades de aprendizaje utilizando las Directrices del DUA que permiten a todos los estudiantes las mismas oportunidades para tomar decisiones, expresar su opinión e interactuar en el aula.

Cuando los niños son segregados en aulas separadas debido a su capacidad percibida, pueden experimentar una serie de resultados negativos tanto social como académicamente.[10] Socialmente, los estudiantes que no son educados junto a sus compañeros son a menudo excluidos porque pasan la mayor parte del día, si no todo, en un aula diferente. Como resultado, a veces se etiqueta y estigmatiza a estos estudiantes. Además, desde el punto de vista académico, los estudiantes que se educan en grupos pequeños suelen tener un nivel de exigencia inferior al de sus compañeros porque los maestros suelen bajar las exigencias en lugar de aumentar el apoyo y ofrecer opciones adicionales.

Un aula de diseño universal valora la variabilidad, no se centra en la capacidad percibida y ofrece distintas opciones a todos los estudiantes. En otras palabras, un aula con DUA indica a los niños que todos son capaces, que todos los estudiantes tienen valor y que hay muchos caminos posibles para llegar al mismo destino.

DISEÑO UNIVERSAL PARA EL APRENDIZAJE: UN MARCO PARA ENSEÑAR A TODOS LOS CEREBROS

En 1988, el arquitecto Ronald Mace acuñó el término *Diseño Universal* y lo definió como "el diseño de productos y entornos para que sean utilizables por todas las personas, en la mayor medida posible, sin necesidad de adaptación o diseño especializado."[11] Al final, los edificios en los que no podían entrar todas las personas fueron calificados como construcciones "arquitectónicamente discapacitantes". También lo eran algunos parques, las veredas y otros entornos construidos con barreras incorporadas. Los productos que no podían ser utilizados por personas con discapacidad también se identificaron de esta forma.

Piensa por un momento en lo poderosa que es esta definición. Las personas no son las discapacitadas. Los edificios lo son. Lo mismo ocurre en las aulas. Las escuelas no sólo tienen que diseñar edificios en los que todos los estudiantes puedan entrar, sino que deben diseñar el plan de estudio y las clases de modo que todos los estudiantes puedan disfrutar de un plan de estudios exigente y atractivo junto con sus compañeros, que sea culturalmente pertinente y socialmente justo. Cuando no pueden, el discapacitado no es el niño, sino el plan de estudios.

Este concepto de crear espacios donde todos los estudiantes puedan ser educados, en la medida de lo posible, sin necesidad de adaptación, es la base del DUA. Cuando las escuelas y los maestros diseñan ambientes de aprendizaje universales, están creando mundos sociales más equitativos, al igual que los arquitectos se han propuesto hacer con espacios diseñados universalmente. Puesto que no existe el estudiante "promedio" o "normal", los maestros no pueden diseñar el plan de estudios y las clases para este estudiante mítico. El o ella no existe.

En 1996, CAST (Center for Applied Special Technology de sus siglas en inglés), una organización educativa sin fines de lucro que exploraba formas de ayudar a los estudiantes con discapacidades, acuñó y definió el concepto de *Diseño Universal para el Aprendizaje* (DUA), que consiste en diseñar e implementar planes de estudio e instrucción que satisfagan las necesidades de todos los estudiantes ofreciéndoles opciones para entender *por qué* aprenden, *qué* aprenden y *cómo* compartirán lo que han aprendido de forma auténtica. El marco también cambia el foco de atención del dominio de conocimientos específicos al dominio del proceso de aprendizaje.

En la actualidad, el DUA reconoce que todos los estudiantes son diferentes y, para satisfacer sus necesidades, los maestros deben ofrecer múltiples opciones para que los estudiantes puedan personalizar su aprendizaje. Estas opciones ofrecen a todos los estudiantes oportunidades para tener éxito, y, por lo tanto, la escuela se vuelve valiosa y valora a todos. Como llevan décadas sugiriendo los investigadores de CAST, todos los estudiantes se enfrentan a barreras que les impiden alcanzar su pleno potencial en el aula. A veces los estudiantes enfrentan barreras porque no saben, o no les importa, *por qué* están aprendiendo. A veces, no entienden *qué* están aprendiendo, y otros estudiantes no saben *cómo* expresar lo que han aprendido. Esta observación sentó las bases para los tres principios del DUA:

- Proporcionar múltiples medios de motivación y compromiso activando la red afectiva.

- Proporcionar múltiples medios de representación activando la red de reconocimiento.

- Proporcionar múltiples medios de acción y expresión al activar la red estratégica.

Estos tres principios se pueden aplicar al diseño y la impartición de clases para todos los estudiantes. De este modo, los estudiantes pueden vivir experiencias de aprendizaje que satisfagan sus necesidades y les permitan personalizar su viaje y crear sus propias estrategias para dominar los objetivos de aprendizaje. La palabra clave aquí es *para todos*. Todos los estudiantes merecen la oportunidad de comprometerse, elegir y personalizar su proceso de aprendizaje.[12]

Las Pautas para el DUA se corresponden con los tres principios del DUA y ayudan a crear aprendices expertos: niños que pueden fijarse metas significativas, encontrar sentido con recursos pertinentes y valiosos, y compartir lo que saben utilizando sus propias estrategias. El resultado son niños que quieren aprender y que aceptan los retos. Las Pautas para el DUA están organizadas de acuerdo con los tres principios fundamentales del DUA que abordan el compromiso, la representación, y la acción y la expresión.

A veces, al hablar con educadores o padres, me dicen: "Esto suena innovador e ideal, pero no creo que funcione para [esos niños]". Hay millones de tipos diferentes de estudiantes que podemos incluir en "esos niños". La gente pregunta por la aplicabilidad del DUA a los estudiantes con problemas de aprendizaje y de atención; con discapacidades significativas e intensivas; con problemas socioemocionales; cuya primera lengua no es el español, que asisten a escuelas rurales, que viven en la pobreza, que tienen problemas significativos de conducta . . . y la lista continúa. Mi respuesta enfática es sí. El DUA es para todos los estudiantes. Los niños son niños, y todos son diferentes, pero todos tienen las mismas tres redes en sus cerebros, y todos merecen una educación que

Pautas para el DUA

Proporcionar múltiples medios de
Motivación y Compromiso

Estudiantes motivados y con un propósito

Proporcionar opciones para la autorregulación

Proporcionar opciones para mantener el esfuerzo y la persistencia

Proporcionar opciones para captar intereses

Proporcionar múltiples medios de
Representación

Estudiantes ingeniosos e informados

Proporcionar opciones para la comprensión

Proporcionar opciones para el lenguaje, las expresiones matemáticas y los símbolos

Proporcionar múltiples medios de
Acción y Expresión

Estudiantes estratégicos y orientados a objetivos

Proporcionar opciones para las funciones ejecutivas

Proporcionar opciones de expresión y comunicación

Proporcionar opciones para la acción física

los valore como seres humanos, que active esas redes y los prepare para un futuro exitoso y significativo.

En la siguiente sección, veremos ejemplos de variabilidad en cada una de las tres redes cerebrales. Es posible empezar a considerar lo diferentes que son nuestros hijos y cómo cambian de un día para otro, y por qué el DUA puede funcionar *para todos* los aprendices.

VARIABILIDAD EN LA RED AFECTIVA: EL *POR QUÉ*

Para conseguir algo grande, tenemos que establecer un objetivo significativo, creer que es posible lograrlo y tener la capacidad de sobreponernos para superar todos los obstáculos que se interpongan en nuestro camino. Sin embargo, a menudo esperamos que nuestros hijos alcancen metas que ellos no han elegido o que no les interesan en absoluto. ¿Por qué debemos esperar que se sientan motivados o que perseveren? En la escuela, los maestros suelen establecer objetivos y crear estrategias para los estudiantes, lo que no hace honor a la variabilidad de las redes afectivas de los niños. Lo mismo ocurre en las aulas. Cuando establecemos objetivos que no son significativos o personalizados para nuestros hijos, es difícil que adquieran el compromiso y las estrategias de afrontamiento necesarias para alcanzarlos.

Pero todos los niños se motivan cuando luchan por lo que les apasiona. Tomemos como ejemplo a Walt Disney. Durante su infancia, su padre odiaba que el joven Walt sólo quisiera dibujar. No creía que eso tuviera futuro, así que obligó a Walt a tocar el violín. Disney odiaba el instrumento, era sordo y mostraba poca aptitud, y menos aún gusto, por la música. Eso no le importaba a este padre, que obligaba a su hijo a tocar una hora al día.[13] Disney se rebeló y, finalmente, dejó el violín para decepción de su padre. Walt también abandonó la escuela a los dieciséis años. Sin embargo, el Walt Disney que conocemos no se rinde. Es un genio. Se sobrepuso a la bancarrota, a múltiples fracasos y a los críticos que decían que nunca llegaría a nada, que la idea de un gran parque temático era ridícula y que la idea de un largometraje de animación, *Blancanieves*, apodada "La locura de Disney", no tenía ninguna posibilidad de éxito.[14] Oh, qué equivocados estaban. Todo lo que Disney necesitaba para triunfar estaba dentro de él, esperando a florecer, en cuanto trabajara por un objetivo que tuviera sentido, fuera relevante y auténtico para quien era y en quien quería convertirse.

¿Significa esto que los maestros y los padres no deben tener objetivos para los niños? No. Los maestros están obligados a enseñar contenidos y habilidades específicas, y como padres nos esforzamos por enseñar a nuestros hijos a ser educados, responsables, amables y diligentes. La cuestión es que a menudo no tenemos en cuenta que hay muchas maneras de personalizar un objetivo para que el resultado sea más relevante y significativo para cada niño. Por ejemplo, podemos proponernos que todos nuestros hijos escriban tarjetas de agradecimiento después de recibir un regalo o un gesto amable. Cuando pensamos un poco, el objetivo es que nuestros hijos se sientan agradecidos y valorados, ¿cierto? Puede ser mucho más personal y significativo para ellos dar las gracias a alguien en persona con un abrazo, o llamar para conversar por teléfono, así que ¿por qué insistimos en una nota escrita a mano? Dar a los estudiantes la oportunidad de convertir un objetivo en algo relevante y significativo es la clave de la personalización.

Lo mismo ocurre en todos los ambientes de aprendizaje. Los maestros pueden fijarse el objetivo de que todos los estudiantes se conviertan en buenos lectores. Para lograr este objetivo, es posible que asignen el mismo texto a toda la clase. En su lugar, ofrecer a los estudiantes la opción de leer sobre lo que deseen en un formato que tenga sentido capta la atención de los estudiantes. En la misma clase, uno de los estudiantes puede estar leyendo una revista de ESPN; otros pueden estar sentados en una mesa leyendo el último número de *New York Times*. En la misma clase, otro estudiante podría escuchar un audiolibro en su teléfono mientras un compañero de clase hojea una novela, resaltando el texto mientras lee. En este ejemplo, todos los estudiantes están desarrollando habilidades importantes en comprensión de lectura, pero se han fijado metas más personalizadas para desafiarse a sí mismos con contenido que les interesa. La variabilidad en sus metas les ayuda a desarrollar estrategias personalizadas, técnicas y habilidades de afrontamiento para lograr algo significativo para ellos.

Captar la atención de los estudiantes y brindarles apoyo mientras establecen metas significativas es solo el comienzo. Los estudiantes deben desarrollar las habilidades para autorregularse y enfrentar los desafíos, porque los objetivos que merece la pena alcanzar suelen ser aquellos que están un poco fuera de nuestro alcance. De hecho, una forma de definir el éxito es ir más allá de los límites para lograr algo grande. En nuestro ejemplo anterior, no queremos que los estudiantes elijan un texto fácil de leer. En lugar de eso, queremos que reflexionen y elijan algo que suponga un reto, porque comprender un texto difícil es como resolver un puzle: requiere esfuerzo mental y trabajo, que es exactamente cómo los estudiantes desarrollan el pensamiento crítico.

Por desgracia, no existe una fórmula mágica para dotar a nuestros hijos de motivación, determinación y resiliencia debido a la variabilidad natural de la red afectiva. Para superar los obstáculos, hay que presentar a nuestros hijos múltiples opciones para que puedan probar algunas, fracasar, reflexionar y, finalmente, aprender lo que mejor le funciona a medida que avanzan.

En el libro *Mind Over Matter: The Surprising Power of Expectations (Mente sobre Materia: El sorprendente poder de las expectativas)*, el periodista de educación Chris Berdik discute cómo algunos atletas son capaces de superar límites, romper récords mundiales y jugar bajo presión, mientras que otros atletas "se bloquean". Si bien el autor no habla explícitamente del DUA, está claro que el "bloqueo" se produce en la red afectiva y que los deportistas que consiguen superarlo lo hacen porque han desarrollado estrategias eficaces de autorregulación y afrontamiento que les funcionan.[15]

Pensemos en una situación en la que se esperaba que su hijo hiciera algo difícil: tal vez leer un texto complicado o resolver un problema matemático difícil; competir en un evento deportivo, un espectáculo de danza o un concurso de matemáticas; o prepararse para un examen estandarizado. Si la tarea es difícil, es probable que el niño se sienta nervioso, ansioso o frustrado, lo cual es completamente natural. Como padres, a menudo nos abalanzamos para ayudar a calmarlos y evitar que se "bloqueen" o se alteren más. El problema es que probablemente estaremos ofreciendo un enfoque de 'talla única' para aliviar el estrés del momento. Sin embargo, las estrategias que hemos probado y que son eficaces para nosotros pueden no ser las mejores para nuestros hijos. Como dice el psicólogo Stuart Shanker, "con demasiada frecuencia confundimos nuestras necesidades con las del niño. Buscamos que los niños sean más manejables, en lugar de autogestionables."[16]

Podríamos intentar dar consejos como: "Respira hondo. Tranquilízate y concéntrate", pero eso no funcionará con todos los niños. Curiosamente, tomárselo con calma y tranquilizarse ayuda a algunos, mientras que en realidad perjudica a otros, porque el hiperfoco en tranquilizarse se convierte en el objetivo principal, y el rendimiento y el logro se convierten en el objetivo secundario.

También es importante tener en cuenta que pedir a los niños que se calmen puede desencadenar frustración. No saben qué significa estar calmado, se sienten incómodos con la sensación de calma porque sus vidas van muy deprisa o las actividades más lentas les parecen aburridas. Esta es la razón por la cual nosotros, como padres y maestros, debemos ofrecer múltiples opciones para estar calmados.

Intentar distraer a un niño, como forma de ayudarle a afrontar y manejar el estrés, también puede ser contraproducente. Contar hacia atrás o cantar una canción puede ayudar a algunos niños a autorregularse para poder seguir trabajando en una tarea, pero también puede desviar su atención. Los aprendices que intentan concentrarse en demasiadas cosas al mismo tiempo pueden tener *sobrecarga cognitiva*. El tener sobrecarga cognitiva puede debilitar el rendimiento y aumentar la distracción, ya que cuando uno se obliga a hacer algo (como contar hacia atrás), está realizando más trabajo mental, por lo que tiene menos energía para continuar con la difícil tarea que tiene por delante.[17]

Otra técnica descrita en *Mind Over Matter* de Berdik para poder desarrollar la autorregulación es aumentar el nivel de estrés durante los ejercicios prácticos y en otras situaciones. Al hacerlo, los niños se sentirán más cómodos con la sensación de sentirse incómodos. Esta técnica, en concreto, probablemente les incomode a muchos de ustedes sólo de pensarlo, pero muchos deportistas de élite utilizan esta estrategia con regularidad para acostumbrarse a rendir bajo presión.

Los niños desarrollarán estrategias muy diferentes para autorregularse bajo presión cuando intenten alcanzar metas difíciles y se centren en el *por qué* deben persistir para lograr su objetivo debido a la variabilidad de la red afectiva. Nosotros, como padres, no sabremos cuál es la más eficaz hasta que nuestros hijos prueben y fracasen y luego lo consigan. Esto requiere que compartamos múltiples opciones y animemos a nuestros hijos a probarlas. ¡Queremos que nuestros hijos aprendan a fracasar!

Tanto el aprendizaje como el éxito necesitan de la posibilidad de elegir. Es muy probable que ofrecer a los niños un único camino hacia el éxito lleve a muchos de ellos a un callejón sin salida. Pero hacerles comprender que siempre hay otros innumerables caminos, y que uno de ellos va a conducir al éxito, permitirá a cada uno de nuestros hijos triunfar.

El primer paso, sin embargo, es que los estudiantes conozcan el destino final y por qué es importante alcanzarlo. En cada curso hay resultados, o estándares, que los estudiantes se esfuerzan por alcanzar. Los medios para alcanzar este objetivo pueden variar.

En lenguaje y literatura, por ejemplo, es importante que los estudiantes aprendan a determinar cuál es el propósito del autor de un texto y a analizar cómo utiliza la retórica para conseguirlo. Cuando los estudiantes desarrollan esta habilidad, disponen de las herramientas necesarias para reflexionar de manera crítica sobre un mensaje, desentrañar las técnicas que utiliza el autor y determinar si hay una intención oculta, antes de decidir si se les va a persuadir para que piensen o actúen de una determinada manera. Esta comprensión, útil y auténtica para todos los estudiantes, es el objetivo de la lección.

Este objetivo se puede explicar al principio de cada clase, de forma tal que si alguien entrara en el aula y preguntara a los estudiantes: "¿Por qué estás trabajando en esto? ¿Cuál es el objetivo?", serían capaces de responder. (Nota: "Porque nos lo dijo el maestro" no es una respuesta apropiada.)

En este escenario, en una clase diseñada universalmente, los estudiantes tendrían la opción de aprender sobre diferentes estrategias retóricas por medio de una presentación para la clase, lecturas del curso o una presentación hecha por el maestro. Después pueden elegir un texto para analizar: puede ser un discurso famoso, un anuncio en una revista, una campaña política, mensajes en las redes sociales o un infomercial. Esto les daría la oportunidad de personalizar su viaje para analizar el propósito de un autor de una manera significativa y auténtica. Los estudiantes también podrían elegir presentar su análisis retórico de muchas maneras diferentes. Algunos estudiantes podrían escribir un blog; otros podrían escribir una carta al autor, o hacer una presentación para la clase. En este ejemplo, el destino final está claro, pero hay muchos caminos para llegar a él.

Examinemos otro ejemplo tomado del aula de cómo un maestro deja muy claro el objetivo de la lección y luego ofrece opciones a todos los estudiantes. En esta ocasión, visitaremos una hipotética clase de primer grado, para que pueda imaginar cómo incluso nuestros estudiantes más jóvenes pueden ser autónomos y creativos cuando trabajan en pos de un objetivo concreto.

Imaginemos a un maestro de primer grado sentado en una mecedora durante la Hora del Círculo. El maestro abre el libro La amabilidad es más genial, Sra. Ruler,[18] y empieza con el porqué:

> Hoy vamos a leer libros sobre la amabilidad. En la escuela nos hemos estado preparando para el Día Mundial de la Amabilidad. Empezaremos con este libro, para hablar de la amabilidad, y luego tú elegirás tu propio libro sobre este tema.
>
> Este libro puede ser un reto, pero como todos son muy buenos lectores y nunca se rinden, podrán leer todo sobre cómo la clase de la Sra. Ruler aprende a ser amable. Tendrás un par de opciones para leer. Puedes leerlo solo o en grupos pequeños, puedes leerlo mientras lo escuchas con los auriculares, o puedes sentarte conmigo y yo te lo leeré. No importa lo que elijan los demás. Tú eliges lo que más te convenga, y no te preocupes: siempre puedes cambiar de opinión.
>
> Por ejemplo, si intentas leer solo, recuerda nuestros trucos sobre los "libros adecuados para ti". ¿Alguien puede decirme cómo se puede saber si un libro es el adecuado? [...] Así es. Si en una página hay tres palabras que no puedes leer, quizá debas cambiar de estrategia. ¿Puede alguien recordarme qué es una estrategia?

En este ejemplo, está claro que la maestra valora a todos los aprendices, independientemente de su variabilidad, y aunque los estudiantes tomarán distintas decisiones, todos llegarán al mismo objetivo. Si imaginas a tu hijo como un niño de primer grado en ese escenario, probablemente puedas adivinar qué elegiría. ¡La magia está en la elección!

Después de que los estudiantes elijan, la maestra puede ofrecer a los estudiantes opciones para que se sientan cómodos y puedan sumergirse en la historia. Les puede decir:

> Pueden leer en su escritorio, sentarse en el suelo o venir aquí conmigo. Pueden disfrutar de su colación si lo desean. En diez minutos, haremos un rápido chequeo para ver cómo nos sentimos y cambiar nuestras estrategias si es necesario. Después, podrás elegir tu propio libro sobre la bondad de la colección de nuestra biblioteca o de tu cuenta Raz-kids online en el dispositivo móvil, y haremos conexiones. Cuando hayamos terminado, compartirás un ejemplo de bondad de tu libro por escrito, haciendo un dibujo o contándoselo a la clase.

En este ejemplo, la maestra se centra en el porqué, fomenta el compromiso dando opciones a los estudiantes, minimiza las amenazas y las distracciones, anima a los estudiantes a fijar sus propios objetivos, promueve expectativas que optimizan la motivación y facilita las habilidades personales de afrontamiento.

Observemos en este ejemplo cómo los estudiantes adquieren autonomía a través de la motivación y el compromiso. La maestra no dividió a los estudiantes en grupos en función de su nivel de lectura. Los animó a ser autónomos y les desafió a definir sus propias medidas y estrategias de afrontamiento, creando al mismo tiempo un entorno motivador y cálido en el que los aprendices expertos pudieran crecer.

VARIABILIDAD EN LA RED DE RECONOCIMIENTO, EL *QUÉ*

Nuestros hijos no sólo son diferentes en la forma de atraer su interés y de autorregularse bajo presión, sino también en la manera de percibir la información. Un ejemplo extremo de esta variabilidad en la red de reconocimiento es el trastorno neurológico conocido como prosopagnosia. La prosopagnosia, a veces denominada ceguera facial, afecta a alrededor del 2% de la población.[19] Los niños y adultos con prosopagnosia no pueden identificar a una persona por su cara o sus rasgos faciales. Cuando miran a alguien, pueden fijarse en detalles como unos aros o un peinado, pero no pueden procesar holísticamente un rostro e identificar así a una persona.

En 2012, David Roger Fine, un médico de 60 años con ceguera facial reflexionó sobre su infancia y su incapacidad para procesar las caras: "Puedo recordar un edificio y sus alrededores con un detalle casi fotográfico, pero no las caras Si pienso en la directora, veo el pelo rojo arena y pecas, pero no la cara. Si pienso en tres chicos con los que solía llevarme bien, recuerdo que uno usaba una gorra vieja y desgastada, otro llevaba zapatos estilo brogue, y el tercero usaba gafas con un ojo tapado para tratar un "ojo vago," pero no recuerdo sus caras".[20] Aunque el trastorno es poco común, este ejemplo extremo ilustra lo complicado que puede ser el reconocimiento, y que no siempre es una cuestión de elección. Reconocer la información no es sólo cuestión de acceso. De hecho, a veces los estudiantes tienen preferencias que les permiten encontrar el significado de forma mucho más eficaz, dependiendo de sus fortalezas, debilidades o una combinación de ambas. Un buen ejemplo de cómo se combinan las habilidades de una persona para influir en su capacidad de reconocer y comprender la información puede verse a través de la teoría de las inteligencias múltiples. Howard Gardner, célebre profesor de la Universidad de Harvard, propuso ocho tipos diferentes de inteligencias porque la "inteligencia" es un concepto demasiado limitado.[21] Aquí se ilustran las ocho inteligencias:

Puede que tengas un hijo con dificultades en las evaluaciones tradicionales, pero que es increíblemente empático y capaz de conectar con la gente. Puede que tengas un hijo al que le cuesten las evaluaciones tradicionales, pero que sea increíblemente empático y capaz de conectar con la gente. El Dr. Gardner señala que las escuelas tradicionalmente valoran a los estudiantes que son "inteligentes con las palabras" e "inteligentes con los números/el razonamiento", y cuando los estudiantes tienen dificultades en estas áreas, se les identifica como estudiantes con problemas de aprendizaje. Pero los aprendices no son el problema. El plan de estudios y la enseñanza son el problema si no ofrecen a los estudiantes la oportunidad de personalizar su trayectoria, de modo que puedan potenciar al máximo sus fortalezas y encontrar su propio sentido del éxito.

La teoría del Dr. Gardner sobre la importancia de las inteligencias múltiples habla directamente de la importancia de que los maestros utilicen opciones para satisfacer las necesidades de todos los estudiantes. Por eso, anima a todos los maestros a individualizar y pluralizar. Su definición de individualización es cuando los educadores enseñan y evalúan de forma que se destaquen las capacidades de cada niño. Esto no es posible sin ofrecer opciones, porque la variabilidad es muy importante. La pluralización habla de la importancia de ofrecer opciones para llegar a más estudiantes, porque los múltiples modos de enseñanza permiten a los estudiantes comprender a fondo los temas, ya que pueden pensar sobre ellos de muchas maneras diferentes.

Otro ejemplo de cómo nuestros hijos perciben y reconocen la información de forma diferente es a través de su lenguaje del amor. Los lenguajes del amor fueron identificados por Gary Chapman, un reconocido consejero matrimonial cuyo trabajo sobre los lenguajes del amor ha ayudado a innumerables parejas a apreciar la variabilidad en cómo el otro comunica el amor. Después de trabajar con parejas, el Dr. Chapman se dio cuenta de que las lecciones eran igualmente aplicables a las relaciones entre adultos y niños. Los cinco lenguajes del amor influyen en que nuestros hijos perciban o no el amor que intentamos darles, o en que sientan que son realmente valorados por los adultos de su vida, incluidos sus maestros. A continuación, se describen brevemente los cinco lenguajes del amor, con sus implicaciones para la crianza, la enseñanza y el aprendizaje. Si te interesa hacer un breve cuestionario para identificar tu lenguaje del amor o el de tus hijos, visita *www.5lovelanguages.com*.

Palabras de afirmación El primer lenguaje del amor son las palabras de afirmación. Estos son los niños que necesitan elogios y aprecio para sentirse motivados y queridos. Podemos intentar demostrar el amor a nuestros hijos asistiendo a todos los actos escolares y eventos deportivos, abrazándoles y besándoles todas las noches antes de dormir, pero si tienes un hijo cuyo lenguaje de amor principal son las palabras de afirmación, puede que eso no sea suficiente. A estos niños les encantan los cumplidos, las notas escritas a mano en sus loncheras y los mensajes de texto. En la escuela, sus maestros tienen que elogiar su esfuerzo, escribir comentarios detallados sobre sus trabajos y reconocer sus puntos fuertes y todas las cosas buenas que les hacen únicos para que se sientan valorados por quienes son.

Actos de servicio Algunos niños florecen gracias a los actos de servicio. Estos son los niños que preferirían que hicieras algo por ellos, que les quitaras algo de encima. En casa, suelen pedir ayuda para limpiar su habitación, arreglar la bicicleta o hacer las tareas. En clase, suelen pedir ayuda a los maestros para sus proyectos y tareas, no porque no puedan hacerlo solos, sino porque se sienten valorados cuando los maestros están dispuestos a ayudarles.

Dar regalos Si a tu hijo le gustan los regalos, se explica por sí solo. Con la promesa de unas zapatillas nuevas, una ida a la peluquería, el teléfono de moda o un juguete, puedes inspirar cualquier cosa, desde una habitación limpia hasta una buena calificación. En la escuela, los maestros pueden motivar a los estudiantes con la promesa de una hacer fiesta de donas, un pase para no hacer una tarea, un frasco lleno de dulces, lápices nuevos o un cupón para canjear en la tienda de la sala o de la caja de premios.

Tiempo de calidad   Algunos niños florecen con el tiempo de calidad. Quieren sentarse a jugar juegos de mesa, que practiques baloncesto con ellos y que te sientes a su lado mientras hacen las tareas sin importar la edad que tengan. En la escuela, se sienten valorados cuando los maestros se toman el tiempo de sentarse junto a su mesa y conversar con ellos, que les preguntan por su día y se tomen la molestia de reunirse con ellos antes o después de las clases para ofrecerles ayuda adicional. Estos niños pueden sentirse motivados por la promesa de un receso extra o de comer con su maestro favorito.

Contacto físico   Por último, tienes a los niños del contacto físico, los que se acurrucan. Quieren masajes de hombros, abrazos y les encanta tomar tu mano. Este "contacto seguro" es fundamental para algunos estudiantes, y sin embargo sus necesidades pueden no estar cubiertas debido a las recientes políticas de "no contacto" en la escuela. La maestra y madre Jessica Lahey, autora del bestseller *El Regalo del Fracaso*, ¿escribió un artículo en The Atlantic titulado "Should Teachers Be Allowed to Touch Students?"[22] (¿Se debe permitir a los maestros tocar a los estudiantes?) El artículo examina la importancia del "contacto seguro" para algunos estudiantes. Lahey escribió: "Cada niño es diferente y tiene distintas necesidades de contacto social. Algunos niños, como los del espectro autista, pueden tener una necesidad mucho menor de contacto físico, mientras que otros niños pueden requerir un contacto frecuente y cercano."

Como todo en el DUA, es fundamental que los maestros tengan el poder de ofrecer a los estudiantes la opción de conseguir lo que necesitan para sentirse valorados, apreciados y queridos.

Los lenguajes del amor son un ejemplo de cómo nuestros hijos reconocen los esfuerzos por comunicarse de formas muy distintas. No existe una talla única para todos cuando se trata del *qué* del aprendizaje, por lo que la enseñanza y el aprendizaje se vuelven aún más matizados a medida que los maestros consideran cómo enseñar a los estudiantes y al mismo tiempo mostrarles que se les valora de formas que puedan reconocer. Los niños pueden tener combinaciones de lenguajes, con uno predominante.

Si los maestros aceptan plenamente el hecho de que ninguna persona tiene la misma combinación de fortalezas y debilidades, estarán más motivados para ofrecer opciones para que los propios estudiantes puedan comenzar a personalizar su aprendizaje mediante la toma de decisiones. De forma intuitiva, elegirán aprender de los recursos que tengan más sentido para su combinación única de inteligencias y aprovecharán sus propias fortalezas.

Debido a la variabilidad de los estudiantes, todos los maestros necesitan conocer a los estudiantes, sus fortalezas y debilidades, y lo que los hace únicos. Una vez que comprenden la gama de variabilidad de cualquier grupo de estudiantes, los maestros pueden proporcionar múltiples representaciones que permitan a todos nuestros niños acceder a la información de muchas formas diferentes.

La enseñanza tradicional se ha basado en gran medida en la lectura de textos y en escuchar las clases de los maestros, pero no todos los niños pueden entender o dar sentido al mismo libro o a la misma clase, sencillamente porque no es la mejor manera de aprender. Por ejemplo, los estudiantes con problemas de audición estarán en desventaja si el maestro solo presenta los contenidos mediante clases expositivas. Un estudiante con problemas de memoria de trabajo o con conocimientos previos diferentes también puede perder una oportunidad de aprendizaje porque le resulta difícil seguir la explicación del maestro, quien usa un vocabulario desconocido para él. Si los estudiantes tienen problemas de atención, una clase expositiva es difícil de comprender porque no hay opción de rebobinar y volver a verla.

Sin embargo, cuando los maestros ofrecen a los estudiantes diferentes representaciones de la información, como conferencias, diapositivas, notas en la pizarra, acceso a archivos de video, por ejemplo, los estudiantes se motivan y comprometen más. Es posible que decidan acceder a material gráfico, trabajar en pequeños grupos para aprender determinada información, ver demostraciones en clase o en línea, ver vídeos, leer libros o textos en línea, o escuchar audios. Asimismo, pueden tener la oportunidad de utilizar sus dispositivos para acceder a la información, lo que les ofrece herramientas para apoyar el reconocimiento de vocabulario y conceptos complejos. Los estudiantes pueden buscar el significado de palabras difíciles, hacer preguntas a sus compañeros en los foros de la clase e investigar en sitios de confianza o utilizar aplicaciones que les ayuden a adquirir conocimientos previos. Las opciones son infinitas cuando los maestros ponen a los estudiantes al volante y los animan a averiguar cómo cumplir los objetivos finales de cualquier tarea. De este modo, los maestros y los estudiantes se convierten en aliados en el diseño de su experiencia de aprendizaje.

VARIABILIDAD EN LA RED ESTRATÉGICA

Nuestros hijos no sólo se diferencian en cómo se enfrentan a los desafíos (red afectiva) y en cómo reconocen la información y perciben que se les valora (red de reconocimiento), sino que también en cómo planifican, organizan e inician acciones (red estratégica).

Esta variabilidad se observa en las estrategias que utilizan los concursantes de la competencia nacional de deletreo para memorizar la ortografía de una lista inmensa de palabras. La competencia de deletreo nacional es el Super Bowl de los concursos de ortografía, es transmitida cada año por ESPN y vista por millones de personas. Niños de entre seis y quince años son lanzados a un escenario nacional mientras intentan deletrear palabras como Feldenkrais y prestidigitación.

La película «*Spellbound*», nominada al Oscar al mejor documental en 2002, siguió a ocho concursantes de la competencia nacional de deletreo en un esfuerzo por entender cómo niños normales pueden llegar a ser tan expertos deletreadores. Los ocho niños tenían estrategias muy distintas para aprender a deletrear. Por ejemplo, una niña, Nupur, se sentaba en el sofá cada noche mientras su madre le hacía preguntas del diccionario, avanzando lentamente desde el principio hasta el final. Ashley, una estudiante de las escuelas públicas de Washington D.C., se quedaba todos los días después de clase para estudiar con su maestro. El maestro apoyó a Ashley haciendo que la ortografía fuera divertida con varios juegos, en lugar de usar práctica repetitiva o métodos aburridos. Por ejemplo, en una escena del documental el maestro anima a Ashley a abrir el diccionario en una página al azar. Luego, el maestro leía las palabras y Ashley utilizaba fichas de Scrabble para deletrearlas.

Neil estudió a partir de una lista de todas las palabras recopiladas de los datos de todas las ediciones anteriores de la competencia. Estudiaba entre 7.000 y 8.000 palabras al día con este padre. Además, trabajaba con un tutor de ortografía de lunes a jueves, tres horas al día, y los sábados entre cuatro a ocho horas. También tuvo un maestro de francés, otro de español y otro de alemán que le dieron clases de apoyo para ayudarle a aprender las palabras con orígenes particulares.

Aunque todos estos estudiantes tienen el mismo objetivo, ser el mejor deletreador posible, las estrategias con las que alcanzan ese objetivo y expresan su conocimiento de las palabras que deben deletrear son completamente individuales, lo que demuestra la extrema variabilidad de la red estratégica del cerebro.

No podemos esperar que los estudiantes expresen su comprensión de una sola manera. Dos métodos populares para evaluar a los estudiantes son las respuestas escritas y los exámenes de opción múltiple objetivos. Cada uno de estos métodos presenta innumerables obstáculos. Por ejemplo, si se le pide a un estudiante que escriba un artículo, puede tener problemas porque no tiene lápiz o acceso a un computador; puede tener mala letra o no saber teclear bien; o puede tener dificultades con el formato, la ortografía, la gramática o la comunicación. Ahora bien, nadie discutiría que poder comunicarse es importante, pero exigir que todo el contenido se exprese en una respuesta escrita es limitante.

Si el propósito de la evaluación es medir los conocimientos, y no la escritura, entonces hay muchas opciones para que los estudiantes compartan lo que han aprendido, aunque no tengan lápiz o no hayan aprendido todavía a organizar un artículo.

Imaginemos que a su hijo o hija le cuesta expresarse por escrito. Ahora, imaginemos que un maestro de historia de secundaria pide a los estudiantes que analicen la Declaración de Independencia, ya sea leyendo el texto o escuchando una versión de audio, y luego les da la opción de transmitir los puntos principales del documento en un ensayo, o una serie de caricaturas políticas, un debate en clase, un podcast en línea o una presentación multimedia. Pensemos en lo mucho más comprometidos y exitosos que estarían todos nuestros hijos si tuvieran a su disposición estas opciones.

Ahora bien, esto puede hacerte dudar, porque hay una pregunta recurrente: "¿Cómo aprenderán los estudiantes a escribir un ensayo si pueden elegir no hacerlo?" La respuesta nos lleva de nuevo a la red afectiva y al porqué se está evaluando. Si la evaluación está diseñada para medir los conocimientos de los estudiantes sobre la Declaración de Independencia, escribir no es el por qué. No es el objetivo. Si el objetivo es escribir, y los maestros necesitan que todos los estudiantes aprendan a organizar y redactar textos informativos, entonces necesitan una lección diseñada universalmente sobre por qué es importante saber escribir ensayos, qué incluye un ensayo consistente y cómo escribir uno. Para que tengan opciones, hay que proporcionarles ejemplos, organizadores gráficos, listas de verificación y la posibilidad de escribir sobre algo que les apasione. Además, para que los estudiantes puedan seguir sus progresos, reflexionar y mejorar su escritura, es importante que los maestros les den mucha retroalimentación mientras trabajan, así como oportunidades para revisar y estrategias que les ayuden a hacer frente a la frustración. La red afectiva siempre está en segundo plano, supervisando el aprendizaje y haciendo frente a los contratiempos para que el aprendiz pueda mantener el esfuerzo y la persistencia. Con pequeñas ideas se llega muy lejos, como la posibilidad de que los estudiantes escuchen música en sus dispositivos mientras trabajan, mastiquen chicle o coman pastillas de menta, hagan una pausa rápida de atención plena o trabajen de pie o sentados en una silla cómoda.

En casa, podemos utilizar los conocimientos de esta variabilidad para ayudar a nuestros hijos a alcanzar sus objetivos. Tomemos, por ejemplo, la simple petición de "Ordena tu habitación. El objetivo es bastante claro, pero todos los niños variarán mucho en la forma de completar esta tarea (por supuesto, si primero consigues motivarles lo suficiente para que empiecen).

Pensemos por un segundo en lo que esperamos cuando pedimos a nuestros hijos que ordenen su habitación. En mi mundo de fantasía, espero que la cama esté hecha, la ropa doblada y guardada, los juguetes y dispositivos electrónicos en su sitio y el suelo barrido, en ese orden. Lo que sucede en la práctica es que se mete todo debajo de la cama y en el armario y luego se hace la cama y se medio barre el piso. ¡Y me estoy volviendo loca! ¿Pero por qué? Cuando entro, la habitación está "ordenada". Así que, si queremos que nuestros hijos activen su red estratégica, tenemos que dejarles hacer las cosas a su manera o tenemos que ofrecerles apoyo para que sepan exactamente qué tienen que incluir en su estrategia. La magia consiste en dejar claro el objetivo y permitirles reconocer exactamente lo que se espera de ellos, para que encuentren la manera de conseguirlo por sí mismos. Del mismo modo que el DUA requiere que los maestros se conviertan en aliados de los estudiantes en el logro de objetivos, también nosotros podemos convertirnos en aliados de nuestros hijos.

Como las tres redes del cerebro trabajan juntas en un sistema, nuestros hijos no pueden aislar la red estratégica para conseguir limpiar su habitación. En lugar de eso, primero tenemos que darles una razón valiosa por la que tienen que limpiar la habitación o tenemos que motivarles para que lo hagan. Si le pides a tu hijo o hija que limpie su habitación, por ejemplo, y su respuesta es: "¿Por qué?", es el momento de conversar sobre la importancia del objetivo. Aunque puedas sentir cierta incomodidad al pensar en sentarte a discutir si es apropiado que un niño ordene su habitación, considera el poder de abrir el diálogo y pedirles que reflexionen sobre ellos mismos. Puedes empezar diciendo: "¿Sabes qué? Me interesa tu perspectiva. ¿Por qué no me dices por qué crees que es importante tener una habitación desordenada?". Nunca se sabe adónde llevará la conversación. Permitirles que compartan sus ideas demuestra que valoras su punto de vista. Desde ahí, puedes darles tu opinión para ayudarles a entender por qué es importante la limpieza. Por ejemplo, después de Halloween, mis hijos terminaron con montones de envoltorios de caramelos debajo de la cama y una huella de popó de ratón. Después de esto fue fácil convencerlos para que recogieran esos envoltorios y nunca más llevaran comida a su habitación. La visión de los excrementos de ratón activó sin duda tanto sus redes afectivas como sus redes de reconocimiento y, a partir de ahí, se orientaron mucho hacia un objetivo. Mi hijo mayor incluso me pidió que creara una lista de todo lo que había que hacer al limpiar la habitación. Las tres redes se unieron en esta ocasión.

Estos ejemplos ponen de manifiesto la gran variabilidad de nuestros hijos y cuántas opciones son necesarias para satisfacer todas sus necesidades. Ahora imaginemos a lo que se enfrentan nuestros maestros. Si quieren crear un entorno de aprendizaje en el que todos nuestros hijos tengan éxito, deben tener en cuenta la importante variabilidad de su clase a la hora de diseñar cada lección. De este modo, todos nuestros hijos se sentirán motivados y valorados, y tendrán la oportunidad de tomar decisiones que hagan que el aprendizaje sea pertinente, accesible y estratégico.

Los líderes escolares, maestros y padres que se planteen y adopten un enfoque universal de la enseñanza y el aprendizaje permitirán que muchos más estudiantes tengan éxito en la escuela. Cuando todos los implicados tengan en cuenta la variabilidad de los estudiantes en cualquier aula y apliquen activamente una estrategia de eficacia probada para llegar a todos los aprendices, entonces empezará a cerrarse la "brecha de rendimiento" entre determinadas poblaciones de estudiantes. Esta brecha existe en parte porque no se presta suficiente cuidado a la variabilidad y diversidad en el diseño de la instrucción en el aula. El DUA ofrece una forma sencilla y accesible de remediar esta situación.

Los niños que no saben cómo convertirse en aprendices expertos se sienten frustrados, aburridos, desafiantes o rebeldes, y es posible que no consigan superar las mediciones de rendimiento. Puede que no quieran ir a la escuela o que no aprueben las evaluaciones, pero eso no se debe a que no sean capaces de aprender. Todos los estudiantes son capaces de aprender y tener éxito si nosotros, como padres, colaboramos con las escuelas para impulsar el uso del DUA en el aula y ayudamos a nuestros hijos en casa utilizando las mismas estrategias. De este modo, conseguiremos que todos nuestros hijos tengan las mismas oportunidades de triunfar en las aulas de hoy en día.

Puntos clave

- La variabilidad es la norma. Como todos nuestros hijos son diferentes, necesitan experiencias de aprendizaje distintas para tener éxito.

- El DUA se centra en la variabilidad de los estudiantes y no sólo en su capacidad. Todos los niños tienen una mezcla de fortalezas y debilidades, y debemos celebrar eso y no utilizar esas diferencias para etiquetar a los estudiantes.

Capítulo 4

PODER ELEGIR NO ES SOLO AGRADABLE, ES NECESARIO

$\mathcal{E}$spero que a estas alturas puedas ver cómo el Diseño Universal para el Aprendizaje (DUA) es, en esencia, un marco para el aprendizaje que valora a todos los niños y su variabilidad. Pero la pregunta es, ¿cómo aplicar los principios del DUA para que todo el mundo pueda personalizar su experiencia y obtener lo que necesita? En concreto, es posible que se pregunte cómo puede un maestro empezar a incorporar el DUA en el diseño e implementación del plan de estudios y en las clases. Aunque ya llegaremos a eso, es importante que comprueben el poder de incorporar el DUA a algo tan simple como una agradable parrillada de verano.

Para mí, no hay nada mejor que una parrillada para comenzar el verano de la mejor manera. Hay algo en el aire cálido del verano que hace que los amigos y la familia saquen sus neveras, enciendan la parrilla a carbón, pongan música a todo volumen y se queden fuera hasta altas horas de la noche. No importa en qué lugar del país vivas, la parrillada clásica es una tradición de verano que todos compartimos. En la mayoría de las parrilladas se suelen servir hamburguesas y hot dogs, bolsas de papas fritas, ensalada de macarrones o de papas, y sandía cortada en rodajas. Los anfitriones colocan las latas de refresco y cerveza en hielo dentro de las hileras de neveras. La diversión también es predecible: jugar a las bochas, a la herradura o quizás un partido de voleibol. Esta típica parrillada es perfecta para muchos invitados, por lo que se ha convertido en un pasatiempo obligado del verano y de la amistad.

Pero pensemos un momento en las parrilladas desde este nuevo prisma de variabilidad: quizá las parrilladas no

funcionen para todo el mundo. Permítanme contarles una historia. El verano pasado, mi marido y yo estábamos planeando una parrillada para el equipo de lacrosse de nuestro hijo. La conversación fue más o menos así:

> *"Oye, deberíamos preparar un menú ya que vamos a tener más de 40 personas en casa el sábado".*
>
> *"Si hacemos hamburguesas, hot dogs y papas y después compramos unas cervezas, no tendremos ningún problema".*

Después de eso, hablamos sobre el entretenimiento: el clásico juego del aspersor, un partido de lacrosse, y la rutina de la fogata, y pensamos que habíamos planeado una fiesta bastante agradable.

Aquí va la alerta de spoiler: la fiesta que planeamos no está diseñada para satisfacer las necesidades de todos los asistentes porque no utilizamos los principios del Diseño Universal para el Aprendizaje ni tuvimos en cuenta la variabilidad de nuestros invitados. Es cierto que la mayoría de los niños y sus familias estarán encantados con una hamburguesa con queso y una cerveza, pero ¿qué pasa con los invitados que sean vegetarianos? ¿O veganos? ¿O intolerantes al gluten? ¿Qué pasará con los invitados que tengan alergias graves al maíz o a la mantequilla de maní?

Como habíamos invitado a todas las familias del equipo de nuestro hijo, había mucha gente que no conocíamos bien. De pronto, me di cuenta de que los principios del DUA se podían aplicar a esta situación. Para estar preparados para cualquier tipo de comensal, necesitábamos ofrecer una gama de opciones de comida, asegurándonos de que todo el mundo pudiera encontrar al menos un alimento que le gustara.

Así que me acerqué a mi marido y le dije: "Es un comienzo estupendo, pero ¿y si alguien no quiere hamburguesas o si alguien está tratando de comer sano? Compra pollo, verduras y hummus. Creo que también hay unas hamburguesas vegetarianas en el supermercado que son ricas. Necesitamos más alternativas para todos"

"Sí. Buena idea. Hagamos una ensalada también y pongamos algo de fruta".

En esta parrillada DUA, mi marido y yo nos anticipamos a la variabilidad de nuestros invitados y planeamos tener un bufé de opciones para ellos. Noten que no tuvimos que etiquetar a ninguno de nuestros invitados. En nuestra planificación, nos aseguramos de tener algo para todo el mundo, no sólo para "el vegetariano" o "el amigo a dieta", sino para cualquier invitado que llegue, listo para la fiesta.

Si valoras la variabilidad, entonces tiene sentido planificar una parrillada con DUA. Una vez que lleguen tus invitados, puedes permitirles que decidan por sí mismos para que disfruten de una comida deliciosa y se sientan bienvenidos. Sirve todos los platos en la mesa, dales a todos los utensilios que necesiten y deja que cada uno se sirva lo que quiera.

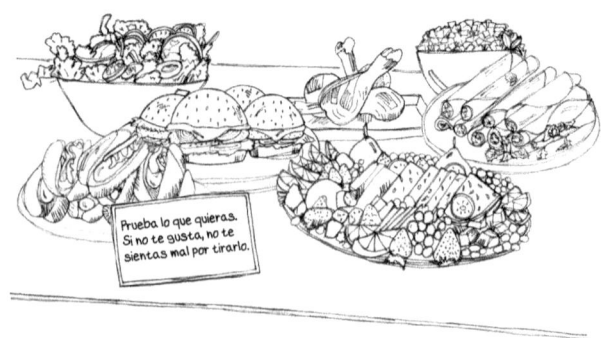

De esta analogía se desprende que las distintas opciones no benefician sólo a los invitados que no podían consumir el menú original de papas y hamburguesas. No soy vegetariana, pero me encantaría un plato repleto de calabacines a la plancha y ensalada.

Si continuamos analizando nuestra analogía de la parrillada, podemos ver por qué la autorreflexión es tan importante para ayudar a los estudiantes a construir su autonomía. Si nuestros hijos se dirigen directamente a la nevera de refrescos y a la mesa de los pastelitos, les preguntaremos cuál es su objetivo y si están tomando la mejor decisión para ellos. Esta colaboración es fundamental porque ayuda a ambas partes a entenderse mejor. Además, permite que los niños expresen sus opiniones. Puede que ya se hayan comido un plato entero de pollo y verduras y no lo hayamos visto. Quizá no encontraban el calabacín y los champiñones y dijeron: "me tendré que conformar con los brownies". (¡podría pasar!). Nunca sabrás cuál es su objetivo o su estrategia hasta que logres interactuar con ellos y te cuenten lo que piensan para entender mejor cómo puedes ayudarles a recuperar el rumbo, si es necesario. En este caso, cuando organizamos el bufé, sabemos perfectamente que es posible que no todos los invitados sean capaces de prepararse un plato saludable. El DUA reconoce el valor de los errores por su potencial para enseñar algo nuevo.

A continuación, describiré las Pautas para el DUA, siguiendo con el ejemplo de las "parrilladas". Cuando leas los ejemplos, imagina cómo las Pautas podrían motivar a todos tus invitados a crear una experiencia de fiesta personalizada, sin que tengas que preocuparte por las necesidades de cada uno de ellos. El objetivo de estas Pautas sería ayudar a crear el ambiente para que todos tus invitados se sientan como "invitados expertos"— amigos y conocidos que están emocionados de asistir a la fiesta y divertirse. Todos podrán disfrutar más porque descubrirán un montón de opciones que les satisfagan.

PROPORCIONAR MÚLTIPLES MEDIOS DE MOTIVACIÓN Y COMPROMISO

Cuando invitas a alguien a tu fiesta, quieres que sepan que en tu parrillada lo van a pasar increíble. Puedes compartir algunas de las razones para no perderse la fiesta en una invitación digital que puedes enviar a través de redes sociales. Como ya hemos dicho, captar la atención y el interés de alguien es fácil, pero mantenerlo es más difícil. Al considerar las pautas de motivación y compromiso, significa que también debes pensar en cómo los vas a mantener entretenidos durante toda la fiesta. Además, nunca subestimes la importancia de ayudar en momentos de emergencia. ¿Qué pasa si llueve? ¿Y si la parrilla se queda sin gas? Un organizador de fiestas con diseño universal siempre espera lo inesperado. Todo el trabajo que hagas para conseguir que los invitados estén emocionados con tu fiesta antes, durante y después es la forma en que vas a activar la red afectiva.

La siguiente tabla presenta algunas consideraciones para que la fiesta satisfaga las necesidades de todos los invitados, ya que ofrece opciones para captar el interés, opciones para mantener el esfuerzo y la persistencia, y opciones de autorregulación.

Parrillada de inicio del verano

MAYO 19
2PM - 8PM

¡Que Venga Uno, Que Vengan Todos!
¡Llega Tarde! ¡Llega Temprano!

Código de vestimenta

Chaqueta deportiva Sudadera con capucha Vestido de fiesta

Usa lo que quieras, siempre y cuando estés cómodo.

Comida y Bebida

Tendremos cerveza, vino y refrescos, hamburguesas (de carne y de verduras), pollo, macarrones con queso, ensaladas y mucho más.

Actividades

Juegos de cartas   Manualidades   Fogata   Juegos en el césped

Envía un mensaje de texto o llama a Katie antes del 16 de mayo para confirmar tu asistencia | 555-333-1234

Pautas para el principio de múltiples medios de motivación y compromiso

PROPORCIONAR MÚLTIPLES MEDIOS DE MOTIVACIÓN Y COMPROMISO	CÓMO UTILIZARÍAS LAS PAUTAS PARA LA PLANIFICACIÓN DE FIESTAS
Proporcionar opciones para la autorregulación. ■ Promover expectativas y convicciones que optimicen la motivación ■ Facilitar habilidades y estrategias personales de superación ■ Desarrollar la autoevaluación y la reflexión	■ Ofrecer opciones a los invitados para minimizar cualquier duda que puedan tener a la hora de asistir a la fiesta. Dejar claro que llegar tarde o irse pronto es perfectamente aceptable, que pueden llevar la ropa que quieran y que, aunque pueden traer un plato o bebida, no es obligatorio. ■ Evitar que los invitados se aburran o se pongan inquietos ofreciéndoles opciones de entretenimiento como herraduras, una baraja de cartas, tiza para los niños, etc. También puede disponer de zonas tranquilas para alejarse de la acción, como una sala con un partido de fútbol o una hoguera.
Proporcionar opciones para mantener el esfuerzo y la persistencia ■ Aumentar la relevancia de los objetivos y metas a cumplir ■ Variar las exigencias y los recursos para optimizar el desafío ■ Fomentar la colaboración y la comunicación ■ Aumentar la retroalimentación orientada al dominio	■ ¿Es para celebrar un cumpleaños? ¿Es una fiesta de fin de año o simplemente una oportunidad para conectar? Si se celebra una fiesta de Halloween, ¿se recomienda el uso de disfraces? Asegúrate de que el objetivo de la fiesta está claro para que todo el mundo esté preparado. ■ Animar a los invitados a compartir el vehículo o a traer a sus hijos. Durante la fiesta, presentar a los invitados y hacerles saber qué tienen en común. Además, puedes organizar juegos en equipo, como bochas, juegos de mesa o tirar la cuerda. ■ Verificar continuamente con los invitados para ofrecerles opciones que maximicen su experiencia.

PROPORCIONAR MÚLTIPLES MEDIOS DE MOTIVACIÓN Y COMPROMISO	CÓMO UTILIZARÍAS LAS PAUTAS PARA LA PLANIFICACIÓN DE FIESTAS
Proporcionar opciones para captar intereses. ■ Optimizar la elección individual y la autonomía ■ Optimizar la relevancia, el valor y la autenticidad ■ Minimizar las amenazas y las distracciones	■ Informar a los invitados que habrá innumerables opciones en la fiesta para que puedan personalizar su experiencia: la comida, el entretenimiento (es decir, opciones para ver el partido, ir a nadar, jugar a juegos de mesa, asar malvaviscos, etc.), si quieren traer niños, etc. ■ Transmitir el mensaje de que quieres que la gente venga tal y como es (es decir, si quieres traer un plato o una bebida especial, ¡no dudes en hacerlo! o "No hay código de vestimenta, ponte lo que quieras").

Proporcionar múltiples medios de representación

Esperemos que la invitación despierte interés, pero para ello el mensaje tiene que ser recibido por todos. En el mundo actual, no se puede enviar una invitación de una sola manera. Si alguna vez has usado una plataforma para enviar invitaciones, sabrás que siempre hay un puñado de invitados que nunca abren la invitación. Asimismo, cuando llegan los invitados, ¿conocen las reglas de la casa? ¿Cómo se las informamos? Las siguientes pautas ayudarán a desarrollar el conocimiento en todos sus invitados.

Pautas para el principio de múltiples medios de representación

PROPORCIONAR MÚLTIPLES MEDIOS DE REPRESENTACIÓN	CÓMO UTILIZARÍAS LAS PAUTAS PARA LA PLANIFICACIÓN DE FIESTAS
Proporcionar opciones para la percepción. - Ofrecer formas de personalizar la presentación de la información - Ofrecer alternativas para la información auditiva - Ofrecer alternativas para la información visual	- Enviar una invitación electrónica, pero también enviar un mensaje de texto, una invitación en redes sociales, una invitación escrita a mano o una llamada telefónica si es necesario.
Proporcionar opciones de vocabulario, expresiones matemáticas y símbolos. - Aclarar vocabulario y símbolos - Aclarar la sintaxis y la estructura - Apoyar la decodificación de texto, notación matemática y símbolos - Promover la comprensión entre idiomas - Ilustrar a través de múltiples medios	- Usar códigos QR con recetas para que los invitados puedan escanear y verificar alérgenos, información nutricional, etc. - Incluir imágenes si existen instrucciones importantes sobre la casa, no limitarse a publicar instrucciones escritas. Carteles como el que se muestra a continuación incorporan texto y elementos visuales para que los invitados sepan claramente cuáles son sus expectativas. 

PROPORCIONAR MÚLTIPLES MEDIOS DE REPRESENTACIÓN	CÓMO UTILIZARÍAS LAS PAUTAS PARA LA PLANIFICACIÓN DE FIESTAS
Proporcionar opciones para la comprensión. ■ Activar o facilitar conocimientos previos ■ Destacar patrones, rasgos críticos, grandes ideas y relaciones ■ Guiar el procesamiento, la visualización y la manipulación de la información ■ Maximizar la generalización y la transferencia	■ Compartir fotos de fiestas anteriores para que los invitados sepan qué esperar y cuelga fotos de tu casa o pon globos afuera para que todo el mundo pueda encontrarla. ■ Destacar el quién, el qué, el dónde y el por qué en la invitación a la fiesta y enviar recordatorios. ■ Resaltar las instrucciones para el estacionamiento, incluir enlaces a mapas, etc.

Proporcionar múltiples medios de acción y expresión

También quieres que todo el mundo pueda lograr su objetivo de pasarlo increíble en la parrillada del año, pero debido a la gran variabilidad de tus invitados, tienes que asegurar que ofreces múltiples opciones de acción física, y de cómo crearán una estrategia para pasarlo increíble. Las Pautas para el DUA de Acción y Expresión ayudarán a ofrecer distintos niveles de actividad y a optimizar las posibilidades de elegir a lo largo de toda la experiencia.

Pautas para el principio de Múltiples Medios de Acción y Expresión

PROPORCIONAR MÚLTIPLES MEDIOS DE ACCIÓN Y EXPRESIÓN	CÓMO UTILIZARÍAS LAS PAUTAS PARA LA PLANIFICACIÓN DE FIESTAS
Proporcionar opciones para la acción física. - Variar los métodos de respuesta y navegación - Optimizar el acceso a herramientas y tecnologías de asistencia	- Garantizar que haya una entrada a la zona de la fiesta que sea accesible incluso si los invitados llevan muletas o tienen problemas de movilidad. - Proporcionar distintos tipos de asientos, como mesas con bandejas, mesas de comedor o carteles para animar a los invitados a comer en el sofá, en el patio, etc.
Proporcionar opciones para la expresión y comunicación. - Utilizar múltiples medios de comunicación - Usar múltiples herramientas para la construcción y composición - Desarrollar habilidades con diferentes niveles de apoyo durante la práctica y el desempeño.	- Al enviar la invitación, pedir a los invitados que confirmen su asistencia por teléfono, correo electrónico, mensaje de texto o a través de alguna red social. - Proporcionar distintos utensilios: tenedores, cucharas y palillos; popotes para beber y distintos tamaños de platos y servilletas. - Proporcionar una cesta extra de toallas de playa, un poco de repelente de insectos, y algunas camisetas adicionales que los invitados pueden tomar si los necesitan.

DÉJALOS CRECER

PROPORCIONAR MÚLTIPLES MEDIOS DE ACCIÓN Y EXPRESIÓN	CÓMO UTILIZARÍAS LAS PAUTAS PARA LA PLANIFICACIÓN DE FIESTAS
Proporcionar opciones para las funciones ejecutivas. ▪ Guiar la definición de objetivos apropiados ▪ Apoyar en la planificación y desarrollo de estrategias ▪ Facilitar la gestión de la información y los recursos ▪ Mejorar la capacidad para monitorear el progreso	▪ Compartir con los invitados algunos consejos sobre cómo prepararse y llegar a la fiesta: dar indicaciones sobre cómo llegar y el horario de la fiesta permite a todos planificarse. ▪ Al enviar la invitación, proporciona a los invitados consejos para que tengan todo lo que necesitan para la fiesta (¿Trae tu propia bebida? ¿Trae una camiseta? Prepárate para los juegos de mesa). ▪ Durante la fiesta, pregunta a los invitados si necesitan algo, o si hay algo que puedas aportar para que la fiesta sea más eficaz.

Seguir las Pautas para la planificación de Fiestas con el DUA te ayudará a organizar una fiesta en la que tus invitados se sientan valorados, con capacidad para disfrutar de la fiesta de la forma que deseen y vivir experiencias muy personalizadas, sin dejar por ello de confirmar su asistencia con un "¡Sí!" a pesar de su variabilidad.

¿De qué manera esta analogía de la parrillada muestra cómo los maestros podrían empezar a utilizar las Pautas para planificar de forma proactiva clases que empoderen a los estudiantes a convertirse en protagonistas del diseño y la ejecución de su educación? En el próximo capítulo analizaremos por qué algunos de los maestros del país aún no están preparados, dispuestos y capacitados para implementar el DUA en sus aulas y escuelas. Después, examinaremos lo que habría que hacer para eliminar esas barreras, de modo que todos nuestros hijos se beneficien de una experiencia atractiva y personalizada que les valore como personas y les proporcione lo que necesitan para triunfar en el futuro.

Puntos clave

- Las Pautas para el DUA proporcionan un esquema para una experiencia diseñada universalmente.

- Una parrillada diseñada universalmente cubrirá las necesidades de todos tus invitados sin que tengas que planificar experiencias individuales o hacer adaptaciones. Esta analogía te ayudará a pensar cómo los maestros pueden utilizar las pautas para el DUA para diseñar experiencias para los estudiantes que les permitan personalizar su aprendizaje.

Capítulo 5

LO QUE LOS MAESTROS ENFRENTAN

Pedir a las escuelas y a los maestros que abandonen las prácticas tradicionales es pedirles que se adentren en territorio desconocido. Intentar algo nuevo puede dar miedo porque requiere vulnerabilidad y esfuerzo y no hay garantías de que se consiga el éxito de inmediato. Sin embargo, aunque el cambio siempre supone un reto, es necesario. Sí, el modelo educativo tradicional ha sido eficaz para algunos estudiantes, pero no está diseñado para ser eficaz para todos los estudiantes, especialmente en nuestro mundo actual.

La educación ha cambiado enormemente desde que estábamos en la escuela, y eso es algo bueno para nuestros hijos y para nuestro mundo. Todas las diferencias que antes llamábamos discapacidades, raros o problemas de conducta son ahora sólo una parte de la variabilidad humana, y se anima a los educadores de todo el país a que vean a los estudiantes y los valoren por lo que son. En resumen, muchas escuelas tienen que cambiar. Pero el cambio es difícil, sobre todo cuando hay tantas cosas cambiando al mismo tiempo.

Conocer a qué se enfrentan los maestros puede ayudar a entender por qué el DUA no se está implementando tan rápidamente como nos gustaría.

EL TIEMPO ES DEMASIADO ESCASO

A veces, los maestros no tienen grandes expectativas de sí mismos ni de sus estudiantes porque luchan contra sus propios sentimientos de eficacia. La eficacia del maestro se refiere a la convicción que tiene un maestro sobre cuánto su enseñanza puede influir en el aprendizaje de los estudiantes. En general, los maestros que creen que pueden influir positivamente en los resultados de los estudiantes son más propensos a proporcionar a todos los estudiantes el apoyo y las oportunidades que necesitan para tener éxito.

Cuando los maestros tienen un alto sentido de la eficacia, se convierten en aprendices expertos que ayudan a los estudiantes a establecer metas más desafiantes, y persisten a pesar de los obstáculos que impiden el aprendizaje de los estudiantes.[23] La eficacia de los maestros predice sistemáticamente el rendimiento de los estudiantes, incluso cuando la variabilidad de los estudiantes está estadísticamente controlada, razón por la cual es tan importante proporcionar a todos los maestros un desarrollo profesional de calidad sobre el DUA para que puedan empezar a ver, y creer, que el aprendizaje de los estudiantes está bajo su control.[24] Desafortunadamente, los recursos de desarrollo profesional a menudo están demasiado dispersos y los maestros no pueden obtener lo que necesitan para ver cómo el DUA sería eficaz en sus entornos de aprendizaje.

Cuando trabajo con educadores de todo el mundo, las mayores barreras que oigo para explicar por qué las escuelas no están aplicando el DUA son "Sobrecarga de iniciativas" y "No hay tiempo suficiente". Las escuelas tienen tantas iniciativas en marcha que piden a los maestros que cambien lo que hacen o cómo hacen las cosas, y no hay tiempo suficiente para dedicar tiempo de calidad a todas ellas. Como resultado, el desarrollo profesional suele ser disperso, ya que sólo se dedican unas horas a un tema antes de pasar a otro. Este modelo de desarrollo profesional es demasiado disperso y contribuye a la sensación de falta de eficacia de los maestros: sin una formación suficiente en un nuevo modelo educativo, pedagogía o enfoque curricular, los maestros sienten que no saben por qué, qué y cómo aplicar las mejores prácticas para mejorar los resultados de todos los estudiantes.

Según recientes estudios sobre el desarrollo profesional, nuestros maestros deben recibir al menos catorce horas de estudio sobre la misma área de desarrollo profesional para poder influir en el rendimiento de los alumnos.[25] Los maestros que reciben un desarrollo profesional mucho mayor, una media de 49 horas al año, pueden mejorar considerablemente los resultados de todos los estudiantes.[26]

La mayoría de los distritos no destinan ni cuarenta y nueve horas al año a todas las iniciativas, y mucho menos a una de ellas. Si seguimos limitando el desarrollo profesional de los maestros a unas pocas horas al año sobre el Diseño Universal para el Aprendizaje (DUA), carecerán de la formación y las competencias necesarias para aplicarlo eficazmente. Los distritos deben diseñar programas de desarrollo profesional para los maestros, que les permitan activar sus redes cerebrales para que sepan por qué es importante el DUA, en qué consiste el marco y, lo que es más importante, cómo diseñar el plan de estudios y la enseñanza con opciones integradas para que todos los estudiantes puedan tener éxito.

Por tanto, ¿cuáles son todas estas iniciativas que compiten con el DUA por el tiempo de desarrollo profesional y de dónde proceden? Revisar todas las iniciativas posibles llevaría un libro en sí mismo, y supongo que muchas de tus redes afectivas se cerrarían si siguiera ese camino. No obstante, conviene saber que, por lo general, las iniciativas se dividen en algunas categorías específicas: estándares, contenidos curriculares y estrategias pedagógicas. Analizaremos cada una de estas categorías, pero también es importante saber que todas ellas se derivan de mandatos estatales y federales, sobre todo de la Ley de Educación para Individuos con Discapacidades (IDEA que en inglés significa Individuals with Disabilities Education Act), la Ley Que Ningún Niño Se Quede Atrás (No Child Left Behind, de sus siglas inglés NCLB) y la Ley Cada Estudiante Triunfa (En inglés, Every Student Succeeds Act y su sigla ESSA). Sólo nos referiremos a ellos brevemente.

En 1990 se aprobó la Ley de Educación para Individuos con Discapacidades (IDEA) para reforzar el derecho de todos los niños, independientemente de su discapacidad, a ser educados con sus compañeros no discapacitados en el entorno menos restrictivo a su alcance. La ley IDEA también permitió a los padres participar en la educación de sus hijos. Dado que la ley IDEA promovía la inclusión, es decir, la educación conjunta de todos los estudiantes, muchos distritos exploraron nuevos programas curriculares, nuevos horarios y nuevas estrategias pedagógicas que permitieran a los maestros educar a todos los estudiantes juntos.

La siguiente ley federal que introdujo iniciativas fue la Ley Que Ningún Niño Se Quede Atrás (NCLB). Aunque la ley IDEA permitió que los estudiantes pudieran estar juntos, los resultados no fueron los mismos para todos ellos. La NCLB arrojó luz sobre la desigualdad de resultados de los distintos grupos de estudiantes y trató de remediar la brecha de rendimiento aumentando la transparencia y la rendición de cuentas.

Para aumentar la transparencia, los estados debían informar sobre los resultados de los subgrupos de estudiantes. La intención era que las escuelas, los distritos y los estados fueran más conscientes del rendimiento de los estudiantes en riesgo de reprobación y garantizar que todos los grupos progresaran. Si las escuelas no lograban que todos los estudiantes progresaran dos años seguidos, se enfrentaban a sanciones o castigos que podían acabar obligándolas a sustituir a la mayoría del personal o a someterse a la intervención del Estado. Comienza la era de la rendición de cuentas y el énfasis en los exámenes estandarizados, que siguen determinando muchas decisiones en los distritos escolares.

No Child Left Behind debe su nombre a su premisa: que todos los estudiantes sean capaces de obtener resultados satisfactorios en las pruebas estandarizadas antes de 2014. El plazo ya se ha cumplido, y la brecha de rendimiento sigue siendo evidente. En resumen, la ley NCLB no logró los resultados que se proponía. Como respuesta, la Ley Cada Estudiante Triunfa (ESSA), adoptada en diciembre de 2015, reemplazó a la NCLB. Si bien la ESSA respaldó el diseño universal del currículo, la instrucción y las evaluaciones, no hemos visto cambios radicales en las evaluaciones estandarizadas, por lo que muchos distritos siguen centrando sus esfuerzos de mejora en el aumento de los resultados de los exámenes sin un énfasis específico en el DUA.

EL DUA VS. LOS ESTÁNDARES Y EL CURRÍCULO

Todd Rose, autor de *The Myth of Average* (*El mito del estudiante promedio*) y director del programa Mente, Cerebro y Educación de la Universidad de Harvard, señala: "Mucha gente tiende a confundir los estándares con la estandarización. Es bueno tener estándares generales incluso en un entorno de aprendizaje más personalizado, pero la forma de medirlos debe responder a la individualidad"[27] Aunque los estándares tengan mala reputación, es importante señalar que no suponen una educación rígida para nuestros hijos. Los estándares no son más que el destino de un viaje. Si el aprendizaje es un viaje por la carretera, los estándares son simplemente el punto final, pero no determinan la ruta que toma un estudiante.

De pequeña, a mi familia le encantaban los viajes por la carretera. Aunque el destino era importante, no era lo mejor. Para nosotros, lo más importante siempre fue el camino. Mamá pasaba por el club de automovilistas y recogía trípticos que incluían mapas con posibles rutas resaltadas en rosa. Mientras viajábamos, parábamos a menudo para comprobar nuestro avance y trazar un nuevo plan. "Sólo estamos a dos horas del Monte Rushmore. Tomemos un desvío". Otras veces, era completamente al azar. "Si la próxima canción que suena en la radio la canta un hombre, comemos en el primer restaurante que vemos. Si es una mujer, mamá tiene derecho a veto". Empezar en una pequeña ciudad de Massachusetts nos daba miles de posibilidades para llegar a nuestro destino.

Lo mismo ocurre con las expectativas de los maestros y los estándares que rigen el diseño y la entrega de la enseñanza. Pensemos en los estándares como el destino en un GPS. Los maestros deben diseñar el plan de estudios y la enseñanza de modo que los estudiantes puedan alcanzar esos niveles, pero, al igual que en los viajes por la carretera de mi infancia, hay muchas rutas posibles con desvíos y paradas en el camino. Desgraciadamente, muchos maestros no se dan cuenta del gran número de trayectos posibles porque el plan de estudios que se les exige ofrece un mapa con una sola ruta.

Todos los estándares curriculares describen los conocimientos y habilidades específicas que los estudiantes deben adquirir en cada curso. El desafío está en cómo se aplican: las escuelas suelen adoptar planes de estudios, lo que puede crear un enfoque de "talla única" para cumplir esos estándares.

Por ejemplo, en Texas, uno de los estándares de matemáticas dice así: Las áreas principales de enfoque en segundo grado son hacer comparaciones dentro del sistema de valor posicional base 10, resolver problemas de suma y resta hasta 1,000, y establecer las bases para la multiplicación.

Lo que notarás es que no hay ningún problema de matemáticas incluido en estos estándares. Esto es aplicable a todos los estándares. Entonces, ¿de dónde salen estos problemas matemáticos? Provienen de las editoriales de libros. Las editoriales de libros revisan los estándares y crean problemas, que pueden o no ajustarse a los estándares.[28] Como las editoriales diseñan los planes de estudios, los problemas de matemáticas pueden ser prueba de una interpretación errónea de los estándares. Esto nos lleva a la siguiente pregunta: ¿por qué un distrito escolar adopta un programa que no se ajusta a los estándares en los que están trabajando? Existen innumerables razones, todas ellas relacionadas con la sobrecarga de iniciativas.

A veces, las escuelas, los administradores o los maestros no tienen tiempo suficiente para evaluar sus estándares y lo que los estudiantes necesitan saber o ser capaces de hacer, por lo que pueden adoptar un plan de estudios que no enseña a los estudiantes exactamente lo que se supone que deben saber. Una vez que los maestros tienen este plan de estudios, se les exige que inviertan mucho tiempo en aprender a impartirlo a los estudiantes antes de entender realmente los estándares.

Lo fundamental aquí es saber que el rompecabezas tiene muchas más piezas de lo que parece. Por tanto, ¿cómo se relaciona esta situación con la dificultad de adoptar el DUA?

Imaginemos por un momento que un plan de estudios está efectivamente alineado con los estándares estatales, ya sea porque los maestros son alentados a diseñar su propio plan de estudios (lo que requiere una enorme cantidad de tiempo), o porque el distrito adoptó el plan de estudios de una editorial educativa que invirtió el tiempo suficiente para crear un producto alineado.

Independientemente de lo que utilice un maestro, tiene que dedicar más tiempo a determinar cómo ese plan de estudios se va a diseñar universalmente. Ningún programa de estudio puede calificarse como de diseño universal. En consecuencia, los maestros primero tienen que aprender sus estándares, y luego tienen que aprender sobre el plan curricular, y después entender cómo impartirlo de una manera diseñada universalmente. Eso suponiendo, por supuesto, que ya sepan lo que es el DUA.

Para hacer una analogía (¡porque ya sabes que me encantan!), imagina que tienes una pastelería y tu especialidad son los pasteles. Tienes un cliente que tiene un objetivo muy claro: que tú elabores el macarrón más delicioso del planeta. Como eres un experto en pasteles, dedicas tiempo a aprender todo lo que puedas sobre cómo hacer un macarrón para entender el objetivo final. Una vez que esto está claro, te tomas el tiempo para aprender a hacer macarrones y te sientes bastante orgulloso de ti mismo. Ahora tienes que encontrar tiempo para prepararlos porque ya estás muy ocupado con tus pasteles, pero encuentras el momento y sabes el por qué tienes que hacerlos (¡El cliente tiene un presupuesto amplio para gasta!), qué son y todos los sabores posibles, y sabes cómo hacerlos. Justo cuando empiezas a hacerlos, llega el cliente y te dice: "Me alegro mucho de que lo estés haciendo". Ahora, tienes que usar todas las herramientas y técnicas que tengas, pero tienes que hacer los macarrones exactamente igual que Pierre Hermé, que por cierto fue elegido el mejor chef pastelero del mundo en 2016 por Los 50 mejores restaurantes del mundo."

Así es como puede sentirse un maestro que por fin está aplicando un plan de estudios y entonces el DUA aparece en el radar del distrito escolar. Una vez más, no cabe duda de que el plan de estudios puede llegar a tener un diseño universal -cualquier plan de estudios puede tenerlo con la incorporación de suficientes opciones-, pero no cabe duda de que el proceso lleva tiempo, y tiempo es lo que siempre les falta a todos los maestros.

Sin embargo, si las escuelas pueden priorizar las distintas iniciativas y proporcionar a los maestros el tiempo que necesitan para personalizar su viaje para implementar el DUA, tendrán maestros comprometidos con el proceso. Sin un enfoque en el aprendizaje tanto del maestro como del estudiante, es posible que tengas maestros desmotivados y abrumados, que hacen lo mejor que pueden con lo que tienen.

DUA VS. LOS "OTROS" MARCOS

Al igual que el DUA, existen otros marcos educativos que se esfuerzan por ayudar a todos los estudiantes a tener éxito.

Hay uno en particular que constituye un obstáculo crítico para la implementación del DUA: la instrucción diferenciada (ID). De hecho, los maestros que conocen la ID la confunden a menudo con el DUA. Ambos marcos son similares y pueden complementarse, pero no son lo mismo. Creo que es importante que los maestros y los padres entiendan las diferencias y apoyen el enfoque del DUA.

Con la ID, los maestros responden a los estudiantes para proporcionarles un apoyo diferenciado. Por ejemplo, a veces se divide a los estudiantes en distintos grupos y se les ofrecen diferentes oportunidades de aprendizaje en función de su capacidad percibida. Si uno o dos estudiantes han sido catalogados como " estudiantes con dificultades para leer", se les puede agrupar juntos, como si fueran iguales. Otros

estudiantes podrían ser considerados "estudiantes avanzados". Estas etiquetas no son necesariamente útiles a menos que tanto los maestros como los estudiantes tengan la oportunidad de reflexionar y tomar decisiones por sí mismos para personalizar su aprendizaje.

Cuando los maestros personalizan el aprendizaje de los estudiantes sin animarlos a que reflexionen sobre sí mismos y ayudarles a elegir el camino, los maestros pueden tomar decisiones que desmotivan a los estudiantes. El proceso de tomar estas decisiones es un poco como elegir un helado para tus hijos. Si no les preguntas qué les gusta y solo te basas en años de experiencia con tus hijos, podrías equivocarte. Para planificar de forma proactiva la variabilidad, las opiniones de los estudiantes se deben tener en cuenta en el diseño y la implementación de su educación con DUA.

En un plan de estudios de ID, el maestro crea lecciones y evaluaciones con distintos niveles de dificultad y las distribuye a los estudiantes en función de su nivel de capacidad percibido. Con el DUA, el maestro diseña una clase con opciones y distintos niveles de dificultad y anima a los estudiantes a tomar sus propias decisiones. A medida que los estudiantes comienzan su viaje de aprendizaje, el maestro se convierte en un entrenador y puede diferenciar las respuestas de los estudiantes al proporcionar retroalimentación y empujar a cada estudiante a ser más creativo y exitoso que el día anterior. Sin el DUA como base, los estudiantes pierden a menudo la oportunidad de acceder a las mismas opciones que sus compañeros, y eso, en sí mismo, afecta a su compromiso y sus logros.

Como hemos aprendido con la analogía de la parrillada, el DUA fomenta el arte de crear un plan de lección con suficiente andamiaje y opciones integradas para que todos los estudiantes reciban las mismas opciones y puedan desafiarse a sí mismos. No hay etiquetas en el DUA. ¡Solo hay estudiantes fabulosos y asombrosos con diferentes niveles de variabilidad! Ambos marcos proporcionan opciones, pero solo el DUA proporciona las mismas opciones a todos los aprendices.

Ahora que sabemos a lo que se enfrentan los maestros, probablemente entenderemos por qué muchos de ellos están abrumados, sobrecargados de iniciativas e incapaces de dedicar el tiempo necesario para implantar un nuevo marco. No es que no quieran transformar la enseñanza y el aprendizaje, aunque eso, en sí mismo, es difícil. Según mi experiencia, una vez que los maestros lo conocen, suelen fijarse el objetivo de empezar a aplicarlo. Desafortunadamente, el

tiempo suele ser una barrera significativa y tienen que pasar tanto tiempo aprendiendo sobre otras iniciativas, nuevos estándares y planes de estudio que simplemente no tienen la oportunidad de ellos mismos convertirse en aprendices expertos y comenzar a implementar el DUA de la manera más relevante, auténtica y significativa para ellos.

Sin embargo, quiero compartir lo siguiente: cuando los maestros reciben apoyo y las escuelas y los distritos priorizan sus iniciativas y centran el desarrollo profesional en el DUA, todos los estudiantes obtienen mejores resultados. Todo en un aula diseñada universalmente es cálido, acogedor, atractivo y riguroso, y abarca la mezcla única de desafíos y fortalezas de todos los estudiantes. Por eso, nosotros, como padres, que podemos opinar sobre la educación de nuestros hijos, debemos promover que las escuelas se centren en la aplicación del DUA para que todos nuestros hijos obtengan mejores resultados y estén preparados para el futuro.

Puntos clave

- Los maestros se enfrentan a muchas barreras que les impiden aplicar el DUA, pero como padres podemos colaborar con las escuelas y tomar medidas para ayudar a eliminar esas barreras.

- Proporcionar a los maestros un desarrollo profesional significativo sobre cómo aplicar el Diseño Universal para el Aprendizaje mejora los resultados de todos los estudiantes.

Capítulo 6

DUA EN ACCIÓN

Un ambiente de aprendizaje diseñado de manera universal es aquel en el cual todos los aprendices trabajan para alcanzar objetivos similares, pero disponen de diferentes estrategias y métodos para llegar al mismo destino. Los objetivos firmes y los medios flexibles pueden adoptar formas muy diversas. La única constante en un ambiente diseñado universalmente es que todos los estudiantes se sientan valorados, tengan opciones y experimenten el aprendizaje como un proceso de ensayo y error, en el que el fracaso conduce a la reflexión sobre uno mismo como una forma más de aprendizaje.

AMBIENTES CON DISEÑO UNIVERSAL

Antes de examinar el aspecto que puede tener un aula DUA, veamos algunos ejemplos de otros entornos diseñados universalmente, aquellos que hacen un magnífico trabajo para garantizar la igualdad de acceso y la participación de todos.

Un ejemplo de un sistema diseñado universalmente fue el equipo de atletismo de mi secundaria. En primer lugar, en el atletismo cualquiera podía formar parte del equipo. No había pruebas ni eliminados, así que estaba claro que todos eran bienvenidos. Además, aunque había más de 100 atletas y competíamos en pruebas diferentes y muy variadas, calentábamos juntos todos los días. El entrenador comenzaba compartiendo unas palabras de inspiración, se rendía homenaje a los atletas de la semana y se discutían las estrategias para las próximas semanas. Después, teníamos la oportunidad de elegir nuestras propias pruebas para la semana. Nos animaba a todos a probar todas las pruebas, pues decía que a veces se te podía dar bien algo que no esperabas. En su equipo, no podías etiquetarte como "vallista" o "lanzador" y listo. Recuerdo a los lanzadores de peso corriendo el relevo 4×100 y trotando en la pista de una milla, porque nos animaban a intentarlo todo.

Después de calentar juntos, podíamos elegir el grupo en el que queríamos centrar nuestro entrenamiento. Los que querían lanzar el disco, la jabalina y la bala se dirigían a la sala de pesas. El entrenador Seal llevaba a los que queríamos hacer vallas a practicar círculos de cadera y a realizar saltos en caja interminables. Los corredores de fondo se internaban en los bosques para vivir aventuras a campo abierto.

A veces, la instrucción en pequeños grupos no era suficiente. Al final de la práctica, se nos animaba a reflexionar sobre nuestros progresos y a buscar ayuda personalizada si era necesario. Mientras mis amigos iban a la sala de pesas, se ponían hielo en las piernas o se refrescaban, yo trabajaba en el salto de altura, intentando que mi arco quedara perfecto durante el salto Fosbury. Lo importante es que nunca me perdí las sesiones de trabajo en equipo ni las sesiones en grupos reducidos, si las necesitaba. Además, podía elegir las pruebas que quería probar y siempre me empujaban a correr más rápido, saltar más alto y lanzar más lejos.

Ahora, imaginemos un tipo de práctica muy diferente. Imaginemos que desde el principio el equipo estuviera dividido. Los vallistas fueron etiquetados y llevados a otra zona de la pista, mientras que los lanzadores de peso fueron enviados a la sala de pesas. Este modelo presenta grandes limitaciones. En primer lugar, no habría habido comunidad ni equidad en el mensaje que recibimos, el calentamiento que hicimos o la estrategia de equipo que se discutió. Nosotros habríamos decidido nuestro camino y nunca habríamos tenido la posibilidad de probar nuevas actividades, conocer a gente nueva y ser más versátiles. Cuando se decide el camino de nuestros estudiantes sin su colaboración, aún no están dentro de un sistema diseñado universalmente, pero como con cualquier otra cosa en la vida, un aula diseñada universalmente está a nuestro alcance.

YOGA Y EL DUA

Puede que también reconozca otro ejemplo del DUA en la clase de yoga de su barrio. El yoga es para cualquier persona, independientemente de su estado físico o edad. ¿Cómo es posible que una clase pueda recibir a personas con tanta variabilidad? Al adoptar las asanas, o posturas de yoga, siempre tienes la opción de hacer una postura a un nivel específico o con un ajuste. Echa un vistazo a la postura del cuervo en yoga que se muestra aquí.

Esta postura requiere el máximo rigor, pero en todas las clases, sin excepción, se ofrecen opciones de modificaciones y adaptaciones. Los instructores explican que es importante respetar el cuerpo y realizar los ajustes necesarios para poder experimentar el verdadero propósito del yoga. No existe una única forma de hacer una postura de yoga. Además, cualquier maestro de yoga que se precie de tal entiende que el andamiaje es una parte crucial del proceso de aprendizaje. (El andamiaje es un término técnico para referirse a la facilitación de apoyos temporales que pueden retirarse gradualmente a medida que los estudiantes progresan.[29])

Por ejemplo, para principiantes existe la opción del cuervo modificado, en el que los pies siguen estando apoyados con firmeza en el suelo. La postura no requiere equilibrio. En la medida en que la práctica evoluciona y el cuerpo se fortalece, los principiantes pueden desplazar más peso hacia las manos para acercarse a la postura tradicional. Los que necesiten más exigencia pueden canalizar su yogui interior y optar por una versión más difícil del cuervo.

No importa dónde empieces o termines. Se alienta a todos a comenzar en el nivel en que se encuentran y avanzar, y a lo largo de la práctica, los instructores de yoga proporcionan retroalimentación orientada al dominio para asegurar que las posturas estén alineadas para maximizar los beneficios de la práctica. La aceptación de la variabilidad y la retroalimentación continua hacen del yoga una práctica que desafía a todos simultáneamente. El yoga lleva miles de años poniendo en práctica el DUA. Es hora de que todas las aulas ofrezcan a los estudiantes esa misma sensación de aceptación mientras trabajan para alcanzar niveles más exigentes.

AULAS CON DISEÑO UNIVERSAL

La implantación del DUA en las escuelas implica la convicción de que todos los estudiantes son capaces de aprender y de que los métodos de enseñanza, cuando se aplican de forma intencionada, pueden ayudar a todos los estudiantes a lograr el éxito. ¿Cómo es entonces un aula con diseño universal? ¿Cómo funciona? ¿Cómo permite la variabilidad y al mismo tiempo permite que todos los aprendices, en cualquier ambiente, se conviertan en aprendices expertos?

En primer lugar, en la DUA-topía, donde todas las Pautas están plenamente optimizadas, se educa a todos los estudiantes juntos. Si no existe un aula verdaderamente integradora, algunos estudiantes nunca tendrán las mismas opciones que sus compañeros. Y aunque un aula que está

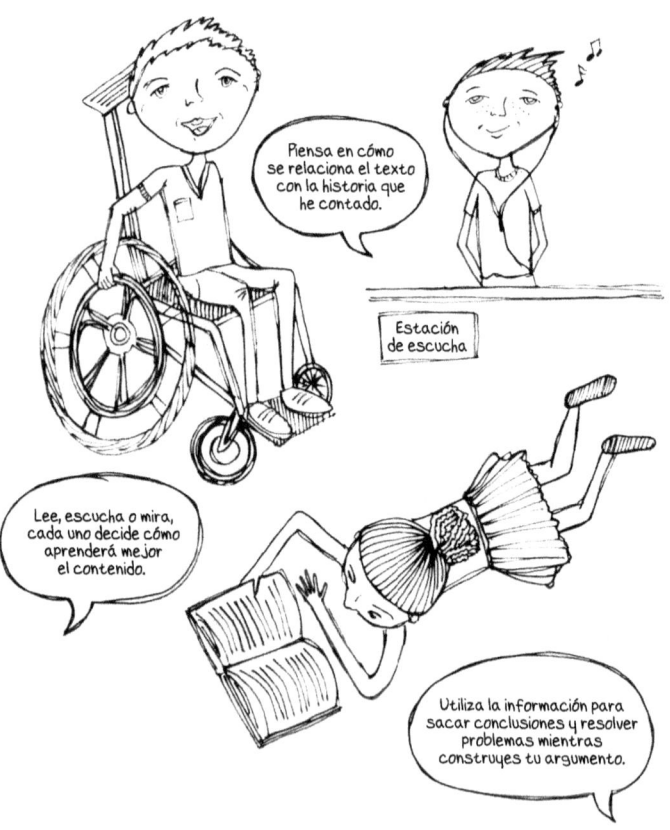

separada puede ofrecer opciones, no son las mismas que las de sus compañeros. Por tanto, como primer paso, un aula con diseño universal valora la inclusión y todos los aprendices están presentes. Una vez que se ha prestado atención a la igualdad de acceso y la equidad, es hora de aplicar los principios del DUA al diseño y la ejecución del plan de estudios y la enseñanza.

PROPORCIONAR MÚLTIPLES MEDIOS DE MOTIVACIÓN Y COMPROMISO

En un aula con DUA, la organización de las aulas está pensada para que las distracciones sean mínimas. Puede haber auriculares con cancelación de ruido, pupitres para estar de pie, sillas o sofás cómodos, luces tenues o una mesa con material y recursos como rúbricas y ejemplares para los estudiantes que los necesiten, de modo que no tengan que interrumpir la clase. Los estudiantes pueden tener acceso a dispositivos antiestrés, música tranquila, cubos sensoriales y la posibilidad de prolongar el tiempo, hacer descansos o disfrutar de refrigerios o chicles que les ayuden a regularse a lo largo del día. Como podemos imaginar, un aula con diseño universal tiene un aspecto muy distinto al de las aulas de los años 50, donde todos los estudiantes se sentaban tranquilamente en filas y esperaban las instrucciones del maestro. Piensa en Starbucks y en las oficinas de Google. Esas son las aulas del futuro.

En una clase con diseño universal, el estándar, o el objetivo, se define claramente todos los días. Al compartir el objetivo de la lección, se está invitando a los estudiantes a que hagan preguntas, hablen entre ellos y compartan sugerencias para que el objetivo les resulte relevante. Cuando tus hijos regresen de la escuela, puedes preguntar: "¿Qué hiciste hoy en la escuela?" En un aula con diseño universal, no sólo serían capaces de responder *qué* hacían, sino *por qué* lo hacían.

Un aula con diseño universal no es una línea de producción de una fábrica: los estudiantes no están todos haciendo lo mismo. En consecuencia, los maestros rara vez se ponen al frente de una clase. Por el contrario, suelen ir de un lado para otro para ayudar a los estudiantes a concentrarse en sus tareas y evitar que se frustren. Los maestros ofrecen palabras de afirmación, retroalimentación orientada al dominio, ejemplos, organizadores gráficos, etc. para ayudar a todos los estudiantes a progresar en el logro de sus propios objetivos.

PROPORCIONAR MÚLTIPLES MEDIOS DE REPRESENTACIÓN

Cuando los maestros proporcionan múltiples medios de representación, los contenidos y las habilidades se presentan de múltiples maneras con andamiaje disponible para todos los estudiantes. Cuando los estudiantes están aprendiendo, aparece más de un método de presentación: clases expositivas, lectura de textos, audio y vídeo (por ejemplo, el maestro lee las instrucciones mientras las proyecta con una televisión, o los estudiantes ven un vídeo con subtítulos). Los estudiantes podrán elegir la información y los recursos que desean explorar o el formato en que lo hacen. En lugar de leer en silencio un libro destartalado, por ejemplo, los estudiantes podrían optar por leer en voz alta con un compañero, leer en un dispositivo móvil, escuchar un audiolibro o escuchar al maestro mientras lee. Como alternativa, los maestros pueden proporcionar estaciones en las que los estudiantes puedan aprender información por sí mismos (es decir, leer un texto, ver un vídeo, escuchar audio o trabajar en un grupo colaborativo). Los estudiantes también tienen acceso diario al uso de diagramas, gráficos e imágenes, así como a otros materiales de referencia para ayudar a su comprensión. No tiene por qué depender únicamente de los textos o las clases expositivas para adquirir conocimientos.

PROPORCIONAR MÚLTIPLES MEDIOS DE EXPRESIÓN

Cuando nosotros, como padres, pensamos en los exámenes, puede que nos asustemos y no deberíamos hacerlo. Para empezar, cualquier evaluación que sirva de base para la enseñanza es muy valiosa, y a menudo se realiza antes de que los maestros comiencen una unidad de enseñanza. A veces a estas evaluaciones se les llama evaluaciones diagnósticas y otras veces se les llama evaluaciones formativas, pero el propósito es el mismo. Cuando se realizan estas evaluaciones, los maestros utilizan los datos y los resultados para orientar la enseñanza, ya que se dan cuenta de las fortalezas y debilidades de los estudiantes; este conocimiento les permite crear opciones más significativas y pertinentes a medida que la lección continúa. Dar a los estudiantes la posibilidad de elegir una tarea antes o durante una unidad aumenta el compromiso, elimina las barreras y permite a los estudiantes practicar la autonomía y la creatividad al compartir lo que saben.

Una vez que los estudiantes han aprendido el material mediante el acceso a un plan de estudios diseñado universalmente, los maestros pueden realizar evaluaciones sumativas, que miden el crecimiento de los estudiantes desde la evaluación formativa. Tanto las evaluaciones formativas como las sumativas pueden adoptar muchas formas diferentes. Mientras el producto permita a los maestros evaluar el aprendizaje de los estudiantes en respuesta a estándares específicos, para ver que pueden expresar y aplicar lo que han aprendido, la evaluación está cumpliendo su función.

Un tipo de evaluación sumativa especialmente polémica son los exámenes estandarizados de logros. Dejando a un lado las limitaciones de los exámenes estandarizados de logro académico, para los estudiantes que corren el riesgo de reprobar, un plan de estudios exigente y con diseño universal es crucial para tener éxito en estas pruebas. Esto no quiere decir que los maestros deban "enseñar para el examen". Por el contrario, los maestros deben centrarse en los estándares e involucrar activamente a los estudiantes en el aprendizaje ofreciéndoles opciones para personalizar su experiencia en el aula.

Los exámenes estandarizados son una realidad y, aunque no tengan un diseño universal, cada día estamos más cerca de que lo tengan. En cualquier caso, los exámenes estandarizados están diseñados para medir el conocimiento y la comprensión de los estudiantes de los estándares estatales. Si los maestros diseñan e implementan un plan de estudios con diseño universal que incorpore el DUA, los estudiantes se convertirán en estudiantes motivados y autónomos, solucionadores de problemas creativos y prácticos, y pensadores críticos que comprendan los conocimientos y las habilidades que se les han enseñado. Estos estudiantes obtendrán buenos resultados, aunque los exámenes presenten barreras. Como dice Jon Mundorf, maestro de la Escuela de Investigación para el Desarrollo P. K. Yonge de la Universidad de Florida: "Prefiero enseñar de forma accesible para un examen inaccesible, que de forma inaccesible para un examen inaccesible". Teniendo esto en cuenta, deberías entender que el DUA nunca sugiere que los maestros "enseñen para el examen" con el fin de mejorar los resultados de los estudiantes. Por el contrario, el DUA se preocupa de que los estudiantes participen en un aprendizaje más profundo que se traduce en el éxito en una serie de medidas.

Cuando los maestros son receptivos a los estándares y comprenden el propósito de estos, ofrecen opciones atractivas para evaluar la comprensión de sus estudiantes: exposiciones de arte con justificaciones escritas, poemas, podcasts, simulaciones, entrevistas simuladas, concursos de poesía, blogs, dramatizaciones, informes de laboratorio, presentaciones, debates, etcétera. Todos ellos permiten a los estudiantes expresar sus conocimientos de forma tal que se reflejen en su progreso.

Examinemos una clase de matemáticas de secundaria para que pueda experimentar de nuevo cómo es una clase de DUA en acción cuando existen múltiples medios de motivación, representación y acción y expresión La asignatura es Álgebra II de décimo grado, y los estudiantes trabajan los conceptos de crecimiento y decrecimiento exponencial.[30]

El maestro comienza la clase comunicando a sus estudiantes que ha recibido un correo electrónico muy interesante en el que se dice que ganará mucho dinero rápidamente si hace lo siguiente:

1. Envía 10 dólares a la primera persona de la lista (que tiene 10 nombres) en el correo electrónico
2. Quita el nombre de esa persona de la lista
3. Agrega su nombre al final de la lista
4. Envía un nuevo correo electrónico con esta información a cinco nuevas personas.

El maestro da unos minutos a los estudiantes para que discutan en grupos pequeños lo que creen que ocurrirá si se envía el nuevo correo electrónico. Va circulando para hacer algunas preguntas como ¿Voy a ganar mucho dinero? y ¿A cuántas personas crees que llegará mi nombre? como forma de fomentar un debate más profundo.

A continuación, se asigna a los estudiantes la tarea de crear un modelo matemático para compartir cuánto dinero ganará supuestamente su maestro si se sigue este "esquema" según las instrucciones, y se les anima a que trabajen de forma independiente o conjunta para determinar cómo calcularán la respuesta. El maestro tiene claro que no hay una forma correcta o incorrecta de calcular la respuesta: muchos modelos matemáticos pueden ser apropiados.

En este ejemplo, en el que los estudiantes investigan un plan para "hacerse rico rápidamente", el maestro anima a los estudiantes a resolver el problema, pero también tiene que ofrecerles opciones para que puedan darle sentido. El maestro identifica los recursos que los estudiantes pueden utilizar como apoyo, como un capítulo del libro de texto, una charla en línea y un ejemplo de otra clase. Algunos estudiantes eligen trabajar en grupo, mientras que otros optan por trabajar de forma independiente para completar la tarea. El maestro circula para aclarar dudas matemáticas y ofrecer consejos, mini presentaciones y explicaciones a los estudiantes que lo soliciten.

Se anima a los estudiantes a que compartan su trabajo creando una hoja de cálculo que incluya fórmulas matemáticas, un gráfico que incluya ecuaciones o una descripción escrita del modelo.

A medida que los estudiantes comparten sus trabajos terminados, algunos de ellos con imágenes, ejemplos escritos o presentaciones multimedia, el maestro inicia un debate sobre las similitudes y diferencias entre los modelos, destacando las representaciones matemáticas de cada uno de ellos. Después de este debate, los estudiantes pueden repasar y revisar su trabajo antes de presentarlo para que sea calificado. En este escenario, el proceso de aprendizaje y la expresión de ese aprendizaje se convierten en la evaluación.

En este ejemplo, los estudiantes están aplicando conceptos matemáticos rigurosos a una tarea auténtica. A medida que los estudiantes trabajan, se les anima a encontrar significados utilizando múltiples representaciones y tienen la oportunidad de colaborar y recibir del maestro retroalimentación orientada al dominio. En última instancia, sin embargo, los estudiantes deben crear un modelo matemático para expresar todo lo que han aprendido, por lo que el maestro también ofrece opciones para ello.

Como pueden ver, el maestro no está al frente de la clase enseñando a los estudiantes lo que tienen que hacer y repartiendo hojas de ejercicios para que practiquen. En cambio, el maestro proporciona una evaluación auténtica, las herramientas y apoyos que los estudiantes puedan necesitar, y su presencia para ayudar a responder preguntas, proporcionar motivación y aclarar las expectativas. En resumen, los estudiantes están haciendo más trabajo que el maestro, que es de lo que se tratan la evaluación auténtica, el pensamiento del siglo XXI y el DUA. El éxito no es un esfuerzo pasivo; tampoco lo es una clase con DUA.

TAREAS Y LECTURAS DE VERANO DISEÑADAS UNIVERSALMENTE

La enseñanza y el aprendizaje no se limitan a las paredes de un aula. Robert M. Pressman, director de investigación del Nuevo Centro de Psicología Pediátrica, y sus colegas publicaron un estudio en la revista American Journal of Family Therapy titulado "Las tareas escolares y el estrés familiar: Considerando la autoestima, el nivel educativo y el trasfondo cultural de los padres". Con consideración en la confianza que los padres tienen en sí mismos, el nivel educativo y el trasfondo cultural".[31] Desde el título, está claro que las tareas nos afectan tanto como a nuestros hijos. Por mucho que a los estudiantes les cueste ir a la escuela, el ritual puede causar un estrés considerable en nuestras vidas. Si tienes un estudiante con dificultades o que no se interesa por el aprendizaje, puede que la rutina nocturna te cause pavor. En consecuencia, es probable que te encuentres buscando en Google formas de mejorar toda la experiencia. Aunque existen estrategias definidas para diseñar de forma universal el espacio para hacer las tareas de los estudiantes, si éstas no están diseñadas de forma universal, puede resultar todo un reto sacar el máximo partido de la situación. La buena noticia es que, cuando los maestros y las escuelas ponen en práctica el DUA, sus prácticas en materia de deberes empiezan a ajustarse a las Pautas para el DUA. Como resultado, aumentan el compromiso y la capacidad de afrontamiento de los estudiantes, y disminuye el nivel de estrés de nuestras familias.

Antes de sumergirnos en cómo diseñar universalmente las tareas escolares, es importante responder primero a la pregunta: "¿Qué son las tareas escolares?". Una de las cuestiones más importantes a la hora de examinar las expectativas sobre las tareas escolares es el tipo de deberes que se

asignan.[32] A menudo, los padres nos centramos en la cantidad de tiempo que se requiere para hacer las tareas sin tener en cuenta su finalidad. Las tareas son un tipo de evaluación, por lo que las tareas de calidad tienen un propósito significativo y ofrecen a los estudiantes la oportunidad de alcanzar objetivos y reflexionar sobre su proceso de aprendizaje. Los tres tipos de tareas pueden cumplir estos criterios si se diseñan de forma proactiva. Existen tres tipos diferentes de tareas para casa: tareas prácticas, tareas de preparación y tareas de integración.

TAREAS PRÁCTICAS

Las tareas prácticas son aquellas en las que los estudiantes aprenden contenidos y habilidades en clase y luego deben practicar en casa. Probablemente conozca el procedimiento que se sigue en este tipo de tareas. Las listas de ortografía, las hojas de ejercicios de matemáticas, las actividades de vocabulario y la práctica con instrumentos son ejemplos de tareas prácticas. Muchos estudios recientes se han centrado en las tareas prácticas y en su incapacidad para producir beneficios significativos para los estudiantes. En resumen, se espera que los estudiantes utilicen la práctica por repetición lo que no activa su red afectiva. Esto no quiere decir que las tareas prácticas no sean buenas. Más bien, es importante que la tarea práctica no sea simplemente «trabajo para mantenerlos ocupados" o memorización mecánica porque estas habilidades no son valiosas para los estudiantes en su futuro.

Los grandes avances tecnológicos han hecho que la memoria sea cada vez menos importante. Gracias a los computadores y bibliotecas integrados en nuestros teléfonos, podemos buscar la información que necesitamos en un segundo. En el futuro, no se trata de lo que recuerdas, sino de las habilidades que utilizas como prisma para pensar críticamente sobre los recursos que exploras. Greg Satell, escritor especializado en economía que colabora habitualmente con *Harvard Business Review* y *Forbes*, señala el problema de gran parte de los trabajos prácticos que se asignan a los estudiantes: "La verdad es que hay pocas cosas que se enseñen en la escuela que hoy en día no se puedan manejar con una rápida búsqueda en Google y una hoja de cálculo de Excel."[33] La razón de tanto trabajo práctico es que muchos maestros no conocen alternativas para enseñar los contenidos a los estudiantes. El DUA les proporciona un plan para empezar a hacer que todas las evaluaciones, incluidas las tareas escolares, sean personalizadas y significativas.

Las tareas prácticas son personalizadas cuando, por ejemplo, los estudiantes pueden tener la opción de practicar ecuaciones matemáticas o el vocabulario que necesitan para poder lograr un objetivo concreto. Esto hace que la práctica sea más significativa porque los estudiantes tienen que pensar críticamente sobre lo que necesitan, y entonces saben *por qué* lo están haciendo.

TAREAS DE PREPARACIÓN

Las tareas de preparación incluyen tareas como leer y estudiar temas específicos, ya que los estudiantes se preparan para lecciones futuras o adquieren una fluidez que les permitirá acceder a contenidos más rigurosos en el futuro. Antes de seguir avanzando, es importante analizar el término "leer" y su evolución con respecto a la educación tradicional.

"Leer" ya no significa simplemente decodificar palabras. "Leer" consiste más bien en analizar de cerca los recursos e interactuar con ellos. "Leer" es absorber ideas e interactuar con ellas. Las ideas pueden hablarte, animarte a compartirlas, inspirarte o enfurecerte. Del mismo modo que los seres humanos necesitan aprender habilidades sociales y humanas para desarrollar relaciones, los estudiantes necesitan aprender habilidades analíticas para tener una relación con los recursos que exploran y así construir su conocimiento. Es importante señalar que se ha demostrado sistemáticamente que la lectura afecta positivamente al rendimiento de los estudiantes, especialmente cuando éstos tienen la oportunidad de elegir recursos que les resulten significativos y relevantes. Sobre todo, cuando los padres apoyan a sus hijos con la lectura.

Resulta interesante que una de las formas más importantes de apoyar a nuestros hijos en sus logros sea leerles y, no es porque los grandes lectores tengan más éxito. Es porque las personas que leen más se convierten en personas con un pensamiento más integral. En resumen, aunque la lectura no sea asignada como tarea de preparación, leer debería formar parte de tu rutina nocturna. Hoy en día, con la tecnología, hay muchas más opciones si no tienes tiempo para leer sin dejar de hacer malabarismos, hacer las tareas, trabajar y hacer la cena. También puedes descargar una aplicación para escuchar audiolibros gratis en tu dispositivo móvil. Puedes hacer que tu hijo o hija "lea" un libro cuando vayas conduciendo al entrenamiento de fútbol o al ensayo de baile, o cuando lo vayas a dejar a la casa de sus amigos.[34]

Si crees que a tu hijo o hija no le gusta acurrucarse con un buen libro, piensa en la lectura desde el punto de vista del

DUA. Los estándares reconocen ahora el "texto" como una definición mucho más amplia que incluye discursos, poesía, mapas, obras de arte, líneas de tiempo, datos, vídeos y caricaturas políticas.[35] La lectura es una oportunidad para que los estudiantes exploren lo desconocido, piensen de forma diferente y construyan nuevas ideas.

Si tienes hijos adolescentes, probablemente estés pensando que la idea de acurrucarse y leer, en cualquier modo o forma, sería una tortura tanto para ti como para tu hijo. Las buenas noticias son que, cuando los estudiantes son mayores, lo mejor que puedes hacer para ayudarlos a conseguir buenos resultados en la lectura es hablar de películas, libros y temas de actualidad con tus hijos. Siéntense juntos a ver las noticias de la noche, visiten museos locales y analicen cuadros y exposiciones, o asistan juntos a conciertos y comenten la potencia de la música. Todo esto se engloba bajo el paraguas de la "lectura" hoy y en el futuro. Enseñar a los niños a conocer el mundo supone un gran progreso en su educación.

TAREAS DE INTEGRACIÓN

El último tipo de tareas, las tareas de integración, consiste en aplicar los nuevos conocimientos en proyectos a largo plazo, como ensayos, experimentos científicos y actividades dirigidas por los estudiantes. La tarea integradora generalmente tiene opciones para que los estudiantes apliquen lo que han aprendido en proyectos creativos. A veces se denomina "aprendizaje basado en proyectos". El aprendizaje basado en proyectos consiste en que los maestros diseñan oportunidades de aprendizaje para que los estudiantes puedan completar evaluaciones con fines que van más allá de la escuela.

Un ejemplo de aprendizaje basado en proyectos es un proyecto de mejora de un parque diseñado para estudiantes de primaria. El objetivo de la unidad era ayudar a los estudiantes a convertirse en ciudadanos activos y responsables. Su viaje comenzó visitando parques o espacios públicos locales y determinar cómo podían mejorarlos. Luego, los estudiantes colaboraron en la creación de presentaciones para los funcionarios locales (¡y pudieron hacer la presentación!). Por último, cada estudiante escribió una carta a un funcionario del gobierno para exponer las necesidades de la comunidad y su propuesta. Como podemos ver, el aprendizaje basado en proyectos es un ejemplo de evaluación integradora que tiene una finalidad clara, es auténtica y exige a los estudiantes que apliquen los conocimientos de forma significativa.[36]

Otro ejemplo de tareas de integración es el proyecto de lectura de verano de los institutos del distrito escolar regional de Groton-Dunstable. El proyecto, denominado "Exploración lingüística de verano", personifica el objetivo de una tarea con diseño universal. El departamento de inglés del instituto, dirigido por la presidenta Kelly Cook, ayudó a redactar la introducción de la tarea: "Solíamos limitar esta tarea solo a la lectura de verano, pero sabemos que muchos estudiantes son ávidos espectadores, escritores creativos, periodistas, cineastas, actores, devoradores de vocabulario, comunicadores, cuentacuentos y más." Queremos que saquen partido a sus pasiones, siempre y cuando jueguen con el lenguaje. Este enfoque sigue la filosofía del Diseño Universal para el Aprendizaje". Gracias al desarrollo profesional que se les proporcionó, al tiempo que tuvieron para aprender sobre el DUA y crear un producto auténtico, al trato profesional que recibieron y al apoyo de los administradores y los padres para tomar las decisiones que mejor respondieran a las necesidades de sus estudiantes, crearon una tarea que supera la calidad de cualquier tarea de lectura de verano que yo haya visto.

El camino hacia esta increíble experiencia comenzó el verano pasado, cuando participaron en el desarrollo profesional sobre el DUA. Como todos los educadores que disponen de tiempo, recursos y apoyo para aprender sobre el DUA, tomaron los tres principios y las Pautas para el DUA e hicieron magia. Juntos, como departamento, redefinieron la alfabetización en verano para sus estudiantes, sin que nadie se lo pidiera, pero yo sostengo que su trabajo es aún mayor que eso. Su programa de verano de exploración lingüística es un modelo de colaboración, de creatividad y de lo atractivo que puede ser el aprendizaje cuando se ofrecen a los estudiantes opciones rigurosas, auténticas y personalizadas y se empodera a los maestros para que utilicen su experiencia para encender la pasión por aprender de los estudiantes. En resumen, es un ejemplo de lo que puede ser una tarea diseñada universalmente. A lo largo de la tarea de Exploración, se animaba a los estudiantes a elegir oportunidades significativas para interactuar con el lenguaje. Si analizamos sólo las opciones de lectura, los estudiantes tenían las siguientes posibilidades, aunque también podían optar por escuchar o asistir a un acto en directo. Mira una muestra de las opciones y considera cuánto más auténticas son que una lista de libros tradicional.

- Crea tu propio club de lectura. Reúnete con un grupo de amigos para leer una novela o un libro de no ficción publicado en 2016. Graba en vídeo parte del debate de tu club de lectura, crea un tráiler del libro con ustedes mismos como personajes, haz una reseña en video o publica una reseña en un blog.

- Léale a un no vidente, o a un niño en una sala de espera de pediatría (a través de Reach Out & Read en *https:// reachoutandread.org/*), o a otra persona a la que le gustaría que le leyeran con regularidad. Lleva un diario sobre tu experiencia.

- Lee el periódico. Publica entradas en tu blog sobre lo que lees, escribe una carta al director basándote en los temas de moda o escucha "Wait . . . Wait! Don't Tell Me!" (*https:// www.npr.org/programs/wait-wait-dont-tell-me/*) en la Radio Pública Nacional (NPR), y escribe sobre lo bien que te fue en las pruebas semanales.

- Elige un libro para leerlo en familia y comentarlo. (Scholastic en *www.scholastic.com/100books/* y Good Reads en *https://www.goodreads.com/group/show/95242-best-book-club-family-friendly tienen buenas sugerencias.*) ¿Cómo afectó la experiencia compartida a la calidad y a los tipos de interacciones que tenías con tu familia?

- Lee un género o un tema que normalmente no explorarías en profundidad (poesía, manualidades, obras de teatro, guiones, no ficción, recopilaciones de ensayos, aventuras) y sin darte por vencido. Escribe sobre tus desafíos y victorias.

- Lánzate a la aventura de conseguir dinero leyendo una novela de Ayn Rand y escribiendo sobre ella. Dependiendo de tu curso, puedes participar por premios de 2.000 dólares (*https://www.aynrand.org/students/essay-contests#anthem-1*), 10.000 dólares (*https://www.aynrand.org/students/ssay-contests#thefountainhead-1*) o 20.000 dólares (*https://aynrand.org/students/essay-contests/atlas-shrugged*), sin condiciones, si escribes un ensayo ganador. Sin duda, alguien en Groton-Dunstable estará a la altura.

Este departamento de estrellas del rock creó opciones asombrosas para que los estudiantes escriban, hablen, actúen, escuchen, profundicen en el lenguaje, asistan a un espectáculo en directo, vean o jueguen, o creen piezas de arte mediática. Puede acceder a la tarea completa en *https://www.novakeducation.com/*.

Utilizando el prisma del DUA, se puede ver que los entornos de aprendizaje, las lecciones y unidades, las evaluaciones y las tareas pueden ser tremendamente atractivos cuando los maestros optimizan la capacidad de elección de los estudiantes y valoran la variabilidad de cada uno de ellos. Como decimos en el DUA, se trata de objetivos firmes y medios flexibles. Cuando los educadores empiezan a centrarse en el por qué, y reciben el desarrollo profesional necesario para diseñar múltiples oportunidades para lo que los estudiantes aprenderán y cómo lo aprenderán, sus estudiantes serán los más beneficiados.

Como padres, tenemos metas firmes para nuestros hijos, y casi con toda seguridad esas metas incluyen que les vaya bien en la escuela. Sabemos lo importante que es la educación para el éxito en el futuro, y queremos ese éxito para nuestros hijos. Por desgracia, cuando los estudiantes no tienen la posibilidad de elegir, no tienen la oportunidad de personalizar su trayectoria, y no siempre alcanzan el éxito. Como resultado, vemos a nuestros hijos esforzarse; los escuchamos quejarse de que están agobiados, aburridos o estresados; y nos preguntamos por qué no pueden comprometerse más. La respuesta es porque su educación no está diseñada universalmente... todavía. Tenemos que tomar medidas para que nuestras escuelas conozcan el DUA. También tenemos que promover los cambios y apoyar la transición hacia un aprendizaje más autónomo fomentando una mentalidad de crecimiento y una cultura del riesgo y el fracaso en casa. Hay demasiado en juego para nuestras familias si no lo hacemos.

Puntos clave

- Los ambientes con diseño universal ofrecen opciones para que todos los estudiantes tengan éxito y adquieran habilidades fundamentales para su futuro.

- Las evaluaciones diseñadas universalmente tienen un objetivo claro, fomentan la participación de los estudiantes e impulsan la enseñanza y el aprendizaje en el futuro.

- Visualizar cómo es el DUA en la práctica te permitirá ayudar a los maestros de tu hijo a poner en práctica el DUA en el aula y apoyar la transformación a un aprendizaje dirigido por los estudiantes en casa.

Capítulo 7

ELEVAR LAS EXPECTATIVAS

Alice Thibodeau murió a los 95 años. Antes de fallecer, leía fielmente el Reader's Digest en voz alta, jugaba canasta y rememoraba el siglo pasado y cómo "los niños de hoy" estarían mucho mejor sin todas las "comodidades". Perdió a cinco hermanos por el brote de la gripe, y nunca la viste quejarse por ello.

Alice creció durante la Gran Depresión, trabajó en fábricas durante la Segunda Guerra Mundial y vio morir uno a uno a todos sus amigos, pero no se daba por vencida. Empujaba su andador rojo brillante, apodado "el Cadillac", por la residencia con sus zapatos de tacón alto y le encantaba compartir historias sobre todo lo que había tenido que superar en la vida. Le brillaban los ojos cuando recordaba todo lo que había logrado cuando nadie creía que pudiera hacerlo. Una vez, cuando tenía poco más de veinte años, trabajó en el centro de Pawtucket (Rhode Island), que estaba a un par de kilómetros de su casa, así que tomó el autobús para ir al trabajo.

Una mañana, perdió el autobús. Dijo: "Si quieres tener éxito en la vida, no pongas excusas. ¡Ponte a trabajar!" ¿Y qué hizo? Se quitó los tacones y corrió hasta el trabajo en medias por la calzada. Dijo orgullosa: "Ni siquiera llegué tarde". Alice Thibodeau era mi abuela; la llamábamos Memere, y estoy agradecida por su legado.

Memere tenía lo que ahora llamamos mentalidad de crecimiento. La mentalidad de crecimiento es un aspecto fundamental del compromiso, que es uno de los tres principios del DUA. Si queremos que nuestros hijos tengan éxito, tienen que aprender a mantener el esfuerzo y la persistencia, incluso cuando las cosas son difíciles, incluso cuando las cosas no van como ellos quieren, incluso cuando pierden el autobús. Como padre, enseñar la mentalidad de crecimiento no es cómodo. Por eso, nosotros mismos tenemos que adoptar una mentalidad de crecimiento que nos ayude a sobrellevar las dificultades de nuestros pequeños.

Es posible que tu reacción en este momento sea una sensación de cosquilleo en el pecho. A menudo no queremos ver "nuestros hijos" y "esfuerzo" en la misma frase, pero si queremos criar adultos valientes y autónomos que puedan hacer frente a las dificultades, necesitamos que aprendan a superar los obstáculos. También debemos tener grandes expectativas y ayudar a enseñar a nuestros hijos que creemos que lograrán sus objetivos.

Un artículo de Understood.org titulado "Altas expectativas para todos" dice: "Si queremos que todos los niños tengan éxito, es fundamental que las expectativas sean altas. Los estudios demuestran que, si esperamos que los niños fracasen, es muy probable que fracasen. Pero si esperamos que tengan éxito y les damos la ayuda que necesitan, brillarán en la escuela y en la vida". A esto se le llama profecía autocumplida.

Es importante recordar que una profecía autocumplida puede ser positiva o negativa. Los efectos positivos se denominan efecto Galatea, nombre de la estatua del mito griego. En el mito, un escultor, Pigmalión, crea una estatua, Galatea, y se enamora de ella. Su deseo por Galatea es tan fuerte que le da vida. Todo acaba de manera feliz. Los efectos de las expectativas negativas se denominan efecto Golem. En el mito jasídico del Golem, se da vida a una criatura mecánica para que sirva a su creador, pero el monstruo se vuelve destructivo y debe ser destruido.

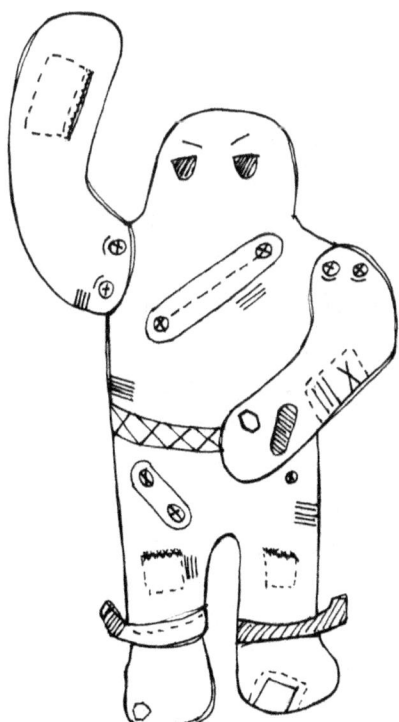

Debemos tener grandes expectativas para nuestros hijos, compartir esas expectativas con ellos y compartirlas con sus maestros, de modo que se traduzcan en el efecto Galatea para ellos. Una forma de hacerlo es ayudar a nuestros hijos a desarrollar una mentalidad de crecimiento para que puedan superar los retos que les plantea la vida. Se trata de un primer paso fundamental para establecer expectativas altas para los estudiantes.

Todos conocemos el clásico cuento infantil "La pequeña locomotora que sí pudo". Su mantra, que se ha convertido en un clásico en el mundo de la perseverancia, "Creo que puedo, creo que puedo", es un valioso mensaje que nosotros, como educadores y padres, debemos hacer nuestro.

La mentalidad de crecimiento se basa en la sencilla premisa de que tenemos muchas más probabilidades de tener éxito si creemos que el esfuerzo nos llevará al éxito, y no la habilidad, la inteligencia y el talento innatos. Lo contrario de la mentalidad de crecimiento, la mentalidad fija, es la creencia de que algunas cosas en la vida están sencillamente fuera de nuestro alcance. En las aulas, escuchamos a los estudiantes decir: "No puedo hacer eso". Al impartir cursos de posgrado sobre el DUA, los maestros a veces admiten lo mismo.

Todos los maestros y los estudiantes tienen que creer que son capaces de aumentar su rendimiento aplicando el esfuerzo necesario, buscando información y recursos, colaborando con otras personas con más conocimientos y repitiendo a lo largo del proceso: "Creo que puedo."

Si recuerdas las mayores lecciones que has aprendido en la vida, probablemente surgieron de la adversidad. Fueron los momentos en los que las cosas iban mal y deberíamos haber renunciado, pero, por alguna razón, fuimos capaces de reflexionar, fijarnos un nuevo objetivo, levantarnos y perseverar porque creíamos que podíamos hacerlo. Mis padres contribuyeron enormemente a ayudarme a forjar esta mentalidad. Y tú también puedes tener este mismo impacto en tus propios hijos.

En séptimo, hice una prueba para el equipo de baloncesto y me rechazaron. Todavía recuerdo esa sensación de aturdimiento al mirar la lista de nombres en la puerta del vestidor, buscando una y otra vez, deseando que mi nombre apareciera en esa lista y no apareció. Recuerdo que aquella noche volví a casa y me refugié en un rincón de la cocina, cerca de la puerta del sótano, y me puse a llorar.

Recuerdo que durante la cena gritaba a mis padres que era injusto que yo no hubiera entrado en el equipo. Mis padres tenían dos opciones para reaccionar. Una me habría llevado por el camino de la mentalidad fija; la otra, por el de la mentalidad de crecimiento. La ruta de la mentalidad fija habría sido algo así: "No puedo creer que [inserte cualquier nombre] lo haya conseguido y tú no. La he visto jugar. Eres mucho mejor que ella. Eres una gran jugadora. Está claro que ese entrenador tiene favoritos". Podrían incluso haber llamado al entrenador para arremeter contra sus decisiones y rogarle que me dejara entrar al equipo. Mis padres no siguieron ese camino. En su lugar, eligieron el camino de la mentalidad de crecimiento.

Aún recuerdo a mi madre inclinándose sobre la mesa y diciéndome: "Si quieres entrar en el equipo el año que viene, tienes que practicar más". Como puedes imaginar, terminé subiendo furiosa las escaleras: "¡Hasta mis padres creen que soy mala jugando al baloncesto!" Pero el hecho de que aún lo recuerde veinticinco años después dice algo importante sobre el mensaje que recibí aquel día. Aprendí que entrar en el equipo no era un golpe de suerte. No era algo que mereciera. Era algo que tenía que ganarme. Y eso me enfadó. ¿Por qué? Porque habría sido mucho mejor entrar en el equipo, jugar con mis amigas y fantasear con mi futuro en la WNBA.

¿Sabes una cosa? Me alegro de no haber entrado en el equipo. Eso me enseñó más que si lo hubiera logrado. Me rechazaron, y eso me dolió, pero me hizo desearlo más. Empecé a practicar todos los días. No me di por vencida. Vi lo que quería y supe que, si lo quería, tenía que seguir intentándolo. Aún no era el momento.

En octavo, volví a probar suerte en el equipo de baloncesto. Entré en el equipo. Durante la cena, presumí de lo bien que había jugado durante las pruebas, y mi padre, que siempre es el maestro de la mentalidad de crecimiento, me dijo: "Tienes que seguir practicando como si no hubieras entrado en el equipo". Aunque no me gustaba esa mentalidad mientras crecía, más tarde pude ver que sembraron algo en mí que me permitió sobresalir en la vida. Me enseñaron muy joven que, si quería algo, tenía que trabajar para conseguirlo. No podía buscar excusas. No podía culpar a nadie. Si quería algo, tenía que tomar el camino menos transitado, y como Robert Frost escribió tan elocuentemente en "El camino no elegido":

> *Debo estar diciendo esto con un suspiro*
> *De aquí a la eternidad:*
> *Dos caminos se bifurcaban en un bosque y yo,*
> *Yo tomé el menos transitado,*
> *Y eso hizo toda la diferencia.*

Como padres, tomemos el camino menos transitado. Ten grandes expectativas para tus hijos y sigue motivándoles cuando cometan errores, fracasen y vuelvan a intentarlo. Dales opciones, anímales a elegir y ayúdales a motivarse cuando tengan dificultades, pero no intentes facilitarles las cosas. Cuando se sientan frustrados, sigue manteniendo tus expectativas altas, y ellos estarán a la altura. Si bajamos nuestras expectativas o permitimos que nuestros hijos eviten el fracaso, les habremos fallado.

Jessica Lahey, autora del éxito de ventas El regalo del fracaso, escribe que aceptar el fracaso y los errores es fundamental para aprender, pero como maestros y padres enviamos un mensaje contrario. Al establecer expectativas altas, podemos transmitir el mensaje de que el éxito o los logros son el premio, no el camino para llegar a ellos. Luego, cuando las cosas se ponen difíciles, protegemos a nuestros hijos enseñándoles que es mejor abandonar que enfrentarse al fracaso. Esto enseña a los niños a temer el fracaso, lo que destruye su amor por el aprendizaje e impide el éxito, que es precisamente lo que intentamos construir.[37]

En el libro Los niños más inteligentes del mundo: Y cómo llegaron a serlo, Amanda Ripley habla del poder de los padres para aumentar el rendimiento académico de los estudiantes.[38] Una de las observaciones que hace es que en los países donde los estudiantes superan a los estudiantes estadounidenses, los padres se ven a sí mismos como entrenadores cuyo trabajo es formar a sus hijos, y empujarles e "incluso sentarlos en el banquillo para demostrarles algo", porque saben que aprender es difícil y los niños tienen que aprender a arreglárselas. En cambio, señala que muchos padres estadounidenses se ven a sí mismos como porristas que quieren que todo sea fácil para sus hijos.

Ahora que conoces un poco sobre cómo aprende el cerebro, sabes que el aprendizaje requiere trabajo duro y el éxito requiere fracaso. Por eso, cuando fijamos expectativas altas, tenemos que asumir los muchos fracasos a los que los estudiantes pueden enfrentarse en su camino.

Cuando las aulas diseñan de forma universal la enseñanza y el aprendizaje, todos los estudiantes pueden acceder a una educación rigurosa, pero eso no significa que aprender sea fácil y que siempre tengan éxito. El destino a largo plazo es el éxito, pero puede haber muchos micro fracasos durante el camino. Los estudiantes tendrán dificultades incluso en un aula con diseño universal, pero se trata de una lucha productiva que los llevará a alcanzar sus objetivos si las expectativas son altas y el entorno sigue motivando.

Por tanto, el objetivo de un aula con diseño universal no es evitar que los estudiantes tengan dificultades. Por el contrario, se trata de crear objetivos que hagan que los estudiantes quieran esforzarse porque su recorrido los llevará a un lugar en el que quieren estar. Cuando promovemos el DUA en nuestras escuelas, permitimos que nuestros hijos se fijen metas significativas que quieren alcanzar. Tomemos, por ejemplo, el objetivo de "escribir un argumento". En muchos casos, los maestros pedirán a los estudiantes que lean un texto determinado, elijan una postura y la defiendan utilizando la evidencia extraída del texto. Si el contenido del texto no es significativo para los estudiantes, o si tienen dificultades para escribir, o si no han aprendido estrategias retóricas importantes que hagan que los argumentos sean realmente eficaces, se quejarán de que la tarea es demasiado difícil o aburrida.

Sin embargo, con un rediseño con DUA, un maestro podría utilizar el mismo objetivo, pero proporcionando a los estudiantes opciones significativas. Se puede pedir a todos los estudiantes que "escriban un argumento", pero pueden elegir un tema que les apasione y una forma original de compartir su punto de vista. Los estudiantes podrían escribir una carta personal para una universidad y utilizar estrategias retóricas para persuadir a la oficina de admisiones de que les acepten como estudiantes. Otros estudiantes podrían unirse a campañas políticas y apoyar a un candidato local, escribir a un funcionario electo o escribir en un blog sobre un tema que les apasione. Los estudiantes podrían "escribir" un guion para un infomercial de video o un podcast donde puedan compartir su posición con las masas. Las opciones son infinitas, y cuando los estudiantes pueden personalizar esta experiencia, aumenta la motivación de golpe. No es porque la tarea sea fácil, sino porque les importa el objetivo y eso marca la diferencia.

Como padres, tenemos que trabajar con las escuelas para que permitan a los maestros ofrecer a nuestros hijos estas opciones. Queremos que nuestros hijos aprendan a ser aprendices expertos, y además de apoyarles en las habilidades, podemos apoyar esta labor también en casa.

Durante décadas, cientos de estudios de investigación han demostrado que las familias más involucradas tienen hijos con mejores notas, mejor comportamiento y mayor asistencia. Esto es de sentido común, pero hasta hace poco los estudios internacionales no examinaban qué tipos de participación parental eran los más importantes. En Los niños más listos del mundo, Ripley nos explica cómo podemos sacar el máximo partido a nuestro dinero cuando nos involucramos en la educación de nuestros hijos. Alerta de spoiler: El apoyo más importante que podemos brindar a nuestros hijos es en casa, cuando les proporcionamos altas expectativas en todos los aspectos de sus vidas y los impulsamos a tener éxito.

Los padres y los maestros tienen que creer que cada estudiante tiene habilidades increíbles y la capacidad de tomar decisiones sobre su propio aprendizaje. Permitir a los niños perfeccionar sus habilidades, intentar y fallar, y celebrar sus fortalezas y errores construye la motivación que es necesaria para una mentalidad de crecimiento y permite a todos los estudiantes reflexionar sobre las áreas en las que pueden mejorar y las áreas en las que pueden contribuir para ayudar a otros estudiantes a crecer como aprendices expertos.

Para que el DUA tenga éxito, debemos recordar la regla de las 10.000 horas. Convertirse en un aprendiz experto lleva tiempo y esfuerzo, pero todos nuestros hijos pueden conseguirlo. Sin el DUA, es posible que los estudiantes no tengan la oportunidad de poner en práctica habilidades fundamentales de autonomía, creatividad y resolución de problemas, y su compromiso y sus logros se verán afectados. Cuando los estudiantes están en dificultades y menos comprometidos con su educación, se crea una profecía autocumplida, porque existe la creencia de que su falta de compromiso y su bajo rendimiento se deben a su capacidad, o a la falta de ella. Tenemos que romper el ciclo. No ocurrirá de la noche a la mañana, pero ocurrirá. Tenemos que creer que es posible, y no podemos descansar hasta que cada uno de nuestros hijos tenga la oportunidad de reconocerse en su educación y sepa que el camino es importante.

Puntos clave

- Una mentalidad de crecimiento es necesaria para que los estudiantes tengan éxito en un ambiente de aprendizaje diseñado universalmente.

- Independientemente de la variabilidad, los estudiantes y los maestros deben tener grandes expectativas para todos los estudiantes y ayudarles a desarrollar una mentalidad de crecimiento.

- Cuando tenemos altas expectativas de nuestros hijos y practicamos una mentalidad de crecimiento, es más probable que nuestros hijos se sientan motivados para lograr el éxito.

Capítulo 8

UN LLAMADO A LA ACCIÓN

Un laberinto es un rompecabezas intrincado y enredado que puede desconcertar incluso a los exploradores más pacientes. Veamos un ejemplo En la mitología griega, Dédalo, un gran inventor, diseñó un laberinto para el rey Minos que casi le lleva a la locura. El rey pidió a Dédalo que creara un laberinto para contener al Minotauro, un monstruo que era mitad hombre y mitad toro. El problema fue que el Rey se quedó atrapado en la maldita cosa y apenas pudo salir. El pobre Dédalo sólo seguía órdenes. Cuando el rey finalmente escapó del laberinto, hizo lo que cualquier rey que se precie haría: encarceló a Dédalo y a su hijo.

Aunque el rey Minos haya exagerado, todos podemos empatizar con este precavido gobernante. A veces en la vida, vemos que nuestros hijos tienen dificultades con la escuela y nos volvemos casi locos. Nos esforzamos mucho por encontrar la mejor manera de ayudarles, pero a veces empeoramos las cosas. La buena noticia es que todo rompecabezas tiene solución.

La educación estadounidense necesita una transformación. Nuestro actual modelo educativo no satisface las necesidades de todos los estudiantes. Menos de la mitad de nuestros estudiantes leen de acuerdo con su nivel de estudios, nuestras tasas de abandono escolar son asombrosamente altas y pocos estudiantes están realmente comprometidos con su educación. Además, incluso los estudiantes que tienen éxito suelen carecer de las habilidades que necesitarán en el futuro. Si queremos que todos los estudiantes encuentren el sentido de la escuela, aprendan a ser aprendices expertos y estén preparados para cualquier futuro que sueñen para sí mismos, tenemos que alejarnos de los modelos anticuados que crean barreras contra el tipo de educación que necesitan nuestros hijos.

Por todas estas razones, y más, tenemos que arreglar la educación. Pero no podemos arreglarla solos. Para salir de este laberinto, que impide a muchos estudiantes comprometerse y tener éxito, tenemos que asociarnos con las escuelas y promover los cambios que todos nuestros hijos merecen. Los investigadores llevan décadas afirmando que las escuelas deben asociarse con las familias para incentivar a los padres a apoyar a sus hijos, pero que solo asistir a las actividades escolares no es suficiente para mejorar sus resultados. Tenemos que hacer algo más. Tenemos que involucrarnos para ayudar a nuestras escuelas, maestros y estudiantes a eliminar las barreras que les impiden implementar una educación diseñada universalmente para nuestros hijos.

Seguramente pensarás: *está loca, ¡estoy muy involucrado en la vida de mis hijos*! Apenas tengo tiempo para mí. Lo entiendo. No es que no nos involucremos en la vida de nuestros hijos. Lo que ocurre es que quizá no nos involucramos de

la manera que favorece los cambios positivos en la escuela o que repercute en el rendimiento académico de nuestros hijos. Para mejorar el rendimiento de nuestros hijos, los padres debemos convertirnos en verdaderos aliados de los maestros y las escuelas. Se necesita de todo un pueblo para criar a un niño Nos necesitamos unos a otros.

Para involucrarnos de una manera más eficaz que genere un cambio real para todos nuestros hijos, debemos tener grandes expectativas en las escuelas del país y en los maestros de nuestros hijos: una mentalidad de crecimiento colectivo.

Si no lo hacemos, muchos estudiantes seguirán teniendo dificultades académicas, odiarán la escuela, la abandonarán o se desvincularán de ella. Tenemos que transmitir esperanza y motivación a nuestros hijos y a nuestros maestros, porque el éxito está a su alcance. El éxito de los estudiantes es posible cuando todos y cada uno de ellos tienen la oportunidad de hacer que el aprendizaje tenga sentido. Y no se trata sólo de buenos deseos. Como ya hemos visto en capítulos anteriores, se trata de la ciencia del aprendizaje.

Activar todas las redes del cerebro es fundamental para ayudar a nuestros hijos a convertirse en las personas más exitosas, motivadas y felices que puedan llegar a ser. Para ello, nuestro país no puede seguir ofreciéndoles una educación que les diga lo que deberían saber, por qué deberían saberlo y cómo deberían expresarlo.

¿Qué podemos hacer como padres para fomentar este cambio? En este viaje, imagínate a ti mismo como un explorador que, en el espíritu del DUA, considera todas sus opciones. Puedes entablar conversaciones significativas con otros padres y con educadores. Puedes iniciar acciones para impulsar la mejora de la escuela, como elaborar un libro informativo o una presentación en PowerPoint para los administradores sobre el DUA u organizar una charla con un experto para presentar las ideas a un auditorio abierto. Utiliza algunas de las sugerencias de la siguiente sección para involucrar a tu comunidad.

Parafraseando a John F. Kennedy, no preguntemos qué pueden hacer nuestras escuelas por nosotros, sino qué podemos hacer nosotros por nuestras escuelas, porque nuestros hijos se lo merecen. Piensa en el siguiente bufé de opciones y prepara un "plato" para que puedas pasar a la acción de una forma que sea relevante, auténtica y significativa para ti. Y, por favor, no olvides compartir tu viaje.

ATREVÁMONOS A DIALOGAR

En un artículo titulado "Atrevámonos a dialogar: Participación de los padres en el cambio del sistema", el autor se dirige a los administradores de escuelas que, como yo, desean crear colaboraciones más significativas con los padres. El artículo trata sobre los grupos de apoyo de padres y lo que distingue a los más exitosos.[39] Mientras lo leía, no pude evitar pensar que el artículo también debería ser leído por los padres, ya que habla sobre su (nuestro) poder.

> Como profesionales, nos sentimos satisfechos cuando sabemos que nuestros clientes y los estudiantes se benefician de nuestra experiencia, nuestra preocupación y, a menudo, de nuestro amor. Sin embargo, estos beneficios no pueden igualar el poder de unos padres decididos cuyo amor por sus hijos les convierte en poderosos defensores en todos los niveles de nuestra sociedad. Los padres pueden mover montañas por sus hijos . . . y a menudo lo hacen. Con frecuencia son agentes de cambio para mejorar los programas.[40]

Como madre, se me pone la piel de gallina. Pero el tiempo apremia y nosotros, como padres, no podemos esperar a que las escuelas lean ese artículo y nos involucren. Tenemos que insertarnos en el diálogo de forma constructiva. Como tan elocuentemente escribió el autor en su título, tenemos que "atrevernos a dialogar".

Como padre o madre, sabes cuál es tu propósito. Todas las acciones que tomes son por tus hijos, mis hijos, nuestros hijos. Vivimos en un país en el que no todos los estudiantes tienen el mismo acceso a una educación exigente, atractiva y universal, y no podemos permitir que esto siga ocurriendo. Todos tenemos el mismo propósito, el mismo objetivo. Como decíamos al principio de este libro, todos queremos que nuestros hijos crezcan y se conviertan en adultos felices y prósperos, capaces de perseguir y cumplir sus sueños, de encontrar un sentido a sus vidas y de superar las barreras, los obstáculos y las dificultades. Ya hemos hecho muchas cosas para lograr ese objetivo y, después de leer esto, has aprendido que hay algo más que puedes hacer para pasar a la acción. Es hora de elegir tu próximo paso.

- Considera la posibilidad de crear un club de lectura para informar a más padres sobre el DUA o, si aún no estás preparado, elige un libro para ti. Existen varias publicaciones que ofrecen ejemplos concretos de la investigación en la que se basa la teoría del DUA, el DUA en el aula y el proceso de diseño del DUA (ver "Para más información" al final de este libro). Incluso puedes complementarlo con vídeos y/o artículos de revistas. Cualquiera que sea el recurso que elijas, considera la posibilidad de combinar tu reunión final con una parrillada diseñada universalmente.

- ¿Qué te parece compartir o comprar uno de los títulos sugeridos que aparecen al final de este libro como regalo de fin de año para los maestros o los administradores de la escuela? Puede ser una buena alternativa al clásico tazón al mejor maestro. Envía una nota escrita a mano, un correo electrónico o una imagen que les haga saber que aprecias lo mucho que hacen por tus hijos.

- Cuando tus hijos vuelvan a casa de la escuela, puedes preguntarles: "¿Han podido elegir hoy cómo han aprendido o qué tipo de proyecto han realizado?". Si la respuesta es sí, envíale una nota al maestro diciéndole que conoces el DUA y que estás encantado de que se esté implementando. Los maestros necesitan cariño y apoyo, y es importante reconocer y celebrar el gran trabajo que hacen para fomentar la colaboración y la comunidad.

- Si tu hijo no tiene la posibilidad de personalizar su aprendizaje, aprovecha la oportunidad para enviarle uno o varios recursos del DUA al maestro con un mensaje corto que diga: "Este recurso es muy bueno y me preguntaba si habías oído hablar del DUA." Si los maestros no lo están haciendo, es una gran oportunidad para hablar con los directores y ponerlo en el radar del desarrollo profesional para que puedan empezar a buscar el tiempo para hacer de la implementación del DUA una prioridad. Los administradores también están ocupados y se enfrentan a una sobrecarga de iniciativas y falta de tiempo, por lo que compartir las ventajas del DUA y su importancia para todos los estudiantes ayudará a iniciar el movimiento.

- A propósito del desarrollo profesional, ¿de cuánto tiempo disponen los maestros para aprender buenas prácticas como el DUA? A menudo, es posible ver el calendario escolar y ver cuándo los maestros tienen días de desarrollo profesional. Pregúntales qué están aprendiendo e intenta aprender con ellos. Quizás colaborar con la PTO para que padres y maestros puedan aprender temas juntos.

- Comparte el UDL con cualquier persona que esté dispuesta a escuchar: grupos locales de apoyo de padres o en una reunión de la asociación de padres y maestros (PTO). Si te interesa conocer la investigación sobre su eficacia o un ejemplo de presentación para padres, puedes acceder a los materiales en mi sitio web *www.novakeducation.com*. ¡Estamos juntos en esto!

- Asiste a una reunión municipal o del consejo escolar. Las reuniones del consejo escolar son un buen lugar para debatir importantes cuestiones educativas y, sin embargo, muchos padres nunca han asistido a ellas. En un estudio reciente, se examinaron los resultados del American National Election Study de 2012, en el que se preguntó a una muestra de casi 6.000 estadounidenses sobre su participación política. Menos de una cuarta parte de los encuestados declaró haber asistido a una reunión del consejo escolar en los últimos cuatro años.[41] ¡No te limites a solo asistir, también comparte información sobre el DUA!

- Considera la posibilidad de contactar al presidente de tu consejo escolar para hablar de la implementación del DUA en el distrito. Comparte lo que sepas sobre el DUA y el hecho de que está incluido en la legislación federal. Si aún no se muestra receptivo, ten paciencia. Comparte más recursos, encuentra un asesor que trabaje con ellos y trae más amigos hasta que te escuchen.

- Si educas a tus hijos en casa, tu desarrollo profesional es igual de importante. Considera la posibilidad de colaborar con otros padres para priorizar tu propio aprendizaje profesional. Comparte artículos, historias y lecciones y comprométete a crear un grupo de aprendizaje profesional en el que tú y tus compañeros se aseguren de tener cuarenta y nueve horas de desarrollo profesional en DUA para que puedas diseñar opciones significativas para tus hijos. De ese modo, podrán superar todas sus expectativas y encontrar más sentido que nunca al proceso de aprendizaje.

- Dado el poder de las redes sociales, no es de extrañar que los padres puedan unirse para cambiar la educación. En 2013, un grupo de padres tuvo un impacto en la carrera por la alcaldía de Nueva York al unirse en las redes sociales y crear lo que llamaron un "batallón de Twitter": un grupo de correo electrónico de estudiantes, padres y maestros dispuestos a movilizarse. Si la ciudad de Nueva York puede hacerlo, nosotros también. Utiliza las redes sociales y empieza a usar el hashtag #UDLparents #PadresDUA: invita a que maestros, amigos y tus hijos se unan a la campaña. Si el chat está en tendencia, ¡hará algo de ruido! Si usas las redes sociales, ¡no olvides etiquetarme!

- X: *@KatieNovakUDL*
- Facebook: *https://www.facebook.com/katienovakudl/*
- Instagram: *katienovakudl*
- LinkedIn: *katienovakudl*

Estas opciones resumen posibles primeros pasos, pero esto no acaba aquí. Esto es sólo el comienzo. Como padres, estamos involucrados desde que cargamos por primera vez a nuestros pequeños hasta nuestro último aliento. Queremos que todos nuestros hijos se desenvuelvan en su mundo de la forma más auténtica, y que su escolarización tenga sentido y sea relevante, y les motive y conduzca al éxito. Ahora ya sabes que existe un marco educativo que proporciona a las escuelas y a los maestros los fundamentos necesarios para satisfacer las necesidades de todos nuestros niños, y al mismo tiempo les enseña habilidades importantes para el futuro, como la autonomía, la creatividad y la resolución de problemas.

Mantenerse informados y activos garantiza que todos nuestros hijos, independientemente de su variabilidad, de dónde vivan y de cuál haya sido su experiencia en el pasado, tengan éxito. Recuerda, como dice la cita que leímos anteriormente en este capítulo, las escuelas "no pueden igualar el poder de unos padres decididos cuyo amor por sus hijos les convierte en poderosos defensores en todos los niveles de nuestra sociedad".[42]

Es hora de mover montañas. Por favor, acompáñame.

Puntos clave

- Las investigaciones sugieren que hay medidas concretas que los padres pueden tomar para mejorar la educación de sus hijos. Ahora es el momento.

- Tu opinión y tus acciones importan. Usted tiene el poder de impactar en la enseñanza y el aprendizaje de todos los estudiantes.

- No olvides que esto es sólo el principio Juntos podemos conseguirlo.

NOTAS

1 Hay muchos recursos buenos sobre Bell, pero uno excelente para compartir con tus hijos es *Alexander Graham Bell: Making Connections*, de Naomi Pasachoff (Oxford University Press, 1996), que forma parte de la serie Oxford Portraits in Science. La serie está dirigida a estudiantes de 6º a 9º grado, pero también es una buena lectura para adultos.

2 Todd Grindal y Laura Schifter escribieron sobre "La brecha de graduación en educación especial" para el *Huffington Post* en 2016. Ver *https://www.huffpost.com/entry/post_b_8976912*.

3 Estas estadísticas se encuentran en Essential Assessment, de Cassandra Erkens, Tom Schimmer y Nicole Dimich Vagle: *Six Tenets for Bringing Hope, Efficacy, and Achievement to the Classroom*, publicado en 2017 por Solution Tree (Bloomington, IN).

4 La obra de John Dewey *Cómo pensamos* fue publicada en 1910 por D. C. Heath & Co. (Boston). Puedes leerlo gratuitamente a través del Proyecto Gutenberg: *https://www.gutenberg.org/files/37423/37423-h/37423-h.htm*.

5 El estudio de Janine Willis y Alexander Todorov "First Impressions: Making Up Your Mind After a 100-ms Exposure to a Face" apareció en 2006 en *Psychological Science*, volumen 28, número 7, páginas 592-598.

6 *Fuera de Serie*, de Malcolm Gladwell: *La historia del éxito* fue publicada por Little, Brown en 2008. La Regla de las 10,000 horas se origina en un artículo de 1993 escrito por K. Anders Ericsson y sus colegas llamado "El papel de la práctica deliberada en la adquisición del rendimiento experto". Ese artículo apareció en la revista *Psychological Review*, volumen 100, número 3, páginas 363-406.

7 Lee el artículo de Gladwell "Complexity and the Ten Thousand Hour Rule" en el *New Yorker*, 21 de agosto de 2013 en *https://www.newyorker.com/sports/sporting-scene/complexity-and-the-ten-thousand-hour-rule*

8 Los libros de juegos y acertijos matemáticos *Well Played* de Linda Dacey, Karen Gartland y Jane Bamford Lynch están publicados por Stenhouse Publishers (*www.stenhouse.com*).

9 *Richie Parker: Drive* fue realizado por ESPN en 2013. Búscalo en YouTube.

10 Para la discusión sobre los resultados sociales y académicos de los estudiantes con discapacidad, me basé en un artículo de 1995 que, más de veinte años después, sigue siendo extraordinariamente válido: "Preguntas y respuestas sobre la inclusión: What Every Teacher Should Know", de Bonnie B. Greer y John G. Greer y publicado en *The Clearing House: A Journal of Educational Strategies, Issues, and Ideas*, volumen 68, número 6, páginas 339-342.

11 La cita procede de la página web del Centro de Diseño Universal, fundado por Ron Mace en la Universidad Estatal de Carolina del Norte. Ver *https://www.ncsu.edu/ncsu/design/ cud /about_ud/about_ud.htm*.

12 Para obtener más información sobre el DUA y sus orígenes, buscar *Diseño Universal para el Aprendizaje: Theory & Practice*, de Anne Meyer, David Rose y David Gordon, publicado en 2014 por CAST.

13 Brian Burnes, Dan Viets y Robert W. Butler escribieron *Walt Disney's Missouri: The Roots of a Creative Genius*, publicado en 2002 por Kansas City Star Books (Kansas City, MO).

14 Ver *Walt Before Mickey*, de Timothy S. Susanin: *Disney's Early Years, 1919–1928*, publicado por The University Press of Mississippi (Jackson, MS) en 2011.

15 *Mind Over Mind*, del periodista científico Chris Berdik: *El sorprendente poder de las expectativas* sobre el efecto placebo fue publicado por Current/Penguin Books (Nueva York) en 2012.

16 Shanker es citado en el comentario de Barbara J. King titulado "Why It's 'Self-Reg,' Not Self-Control, That Matters Most For Kids" en *www.npr.org/sections/13.7/2016/07/07/484910409/why-its-self-reg-not-self-control-that-matters-most-for-kids*.

17 Ver el libro de Daniel Kahneman, *Thinking, Fast and Slow*, publicado en 2011 por Farrar, Straus, Giroux (Nueva York), página 41.

18 Margery Cuyler escribió *Kindness Is Cooler, Mrs. Ruler* (Nueva York: Simon & Schuster, 2007).

19 Ver el artículo de 2016 "Face Perception and Test Reliabilities in Congenital Prosopagnosia in Seven Tests", de Janina Esins, del Instituto Max Planck de Cibernética Biológica de Alemania, y sus colegas, publicado en *I-Perception*, volumen 7, número 1, páginas 1-37.

20 Ver el artículo de David Roger Fine de 2012, "A Life with Prosopagnosia", que apareció en *Cognitive Neuropsychology*, volumen 29, número 5-6, páginas 354-359.

21 American Institute for Learning and Human Development ofrece una visión resumida de la teoría de las inteligencias múltiples en *www.institute4learning.com/multiple_intelligences.php*.

22 El artículo de Jessica Lahey, "¿Debería permitirse a los maestros tocar a los estudiantes?", apareció el 23 de enero de 2015 en

The Atlantic. Ver en *https://www.theatlantic.com/education/archive/2015/01/the-benefits-of-touch/384706/*

23 Ver el artículo de 1995 de John A. Ross "Estrategias para mejorar las creencias de los maestros en su efectividad: Investigación sobre una hipótesis de mejora escolar en *Teachers College Record*, volumen 97, número 2, páginas 227-251.

24 Ver el artículo de Nelly Tournaki y David M. Podell de 2005, "El impacto de las características de los estudiantes y la eficacia del maestro en las predicciones de éxito de los maestros" en *Teaching and Teacher Education*, volumen 21, número 3, páginas 299-314.

25 Ver *Leap of Faith* de Sara Hill: *A Literature Review on the Effects of Professional Development on Program Quality and Youth Outcomes*, publicado en 2012 por el National Institute on Out-of-School Time del Wellesley College.

26 Ver *Desarrollo profesional en Estados Unidos*, de Ruth Chung Wei, Linda Darling-Hammond y Frank Adamson: *Trends and Challenges*, publicado en 2010 por el National Staff Development Council (Dallas, TX).

27 La cita está tomada de una entrevista con Todd Rose publicada por la NEA en *www.nea.org/home/67995.htm*. Su libro, *The End of Average*, fue publicado por HarperCollins (Nueva York) en 2016.

28 Ver *www.edreports.org/math/reports/compare.html*.

29 Ver *http://edglossary.org/scaffolding/*. Este sitio, The Glossary of Education Reform (Glosario de la reforma educativa), elaborado por Great Schools Partnership, es un magnífico recurso para ayudar a los padres a entender los términos y la jerga que se utilizan en las escuelas.

30 Este ejemplo viene de Karen Gartland, coautora de la serie *Well Played* antes citada.

31 Robert M. Pressman y sus colegas publicaron "Las tareas escolares y el estrés familiar: Con consideración en la confianza que los padres tienen en sí mismos, el nivel educativo y el trasfondo cultural" en 2015 en *American Journal of Family Therapy*, volumen 43, número 4, páginas 297-313.

32 Ver el artículo de Pamela Coutts de 2004 "Significados de la tarea y sus implicaciones para la práctica" en *Theory into Practice*, volumen 43, número 3, páginas 182-188.

33 Ver el artículo de Greg Satell, "We Need to Rethink How We Educate Kids to Tackle the Jobs of the Future", publicado el 8 de abril de 2017 en la revista *Inc.*, https://www.inc.com/greg-satell/we-need-to-educate-kids-for-the-future-not-the-past-here-how.html.

34 Ver el libro de Amanda Ripley, *The Smartest Kids in the World: And How They Got That Way*, publicado en 2013 por Simon & Schuster (Nueva York).

35 Comparte con los maestros la Literacy Design Collaborative's LDC Template Task Collection 2.0, un fabuloso recurso de planificación que puedes encontrar en *www.ldc.org*

36 Este ejemplo se cita en "El aprendizaje basado en proyectos ya no es sólo para STEM", un artículo de las especialistas en alfabetización Nell Duke, Anna-Lise Halvorsen y Stephanie Strachan publicado en la revista de educación *Phi Delta Kappan* (volumen 98, número 1, páginas 14-19).

37 Ver el artículo de Jessica Lahey en *Atlantic* citado anteriormente.

38 Ver el libro de Amanda Ripley, *The Smartest Kids in the World*.

39 Ver el artículo de Patrick Graham, Sara Kennedy y Johanna Lynch de 2016, "Atrevámonos a dialogar: Engaging Parents in System Change", publicado en la revista Odyssey: New *Directions in Deaf Education*, volumen 17, páginas 1768-1771.

40 La cita de Graham, Kennedy y Lynch viene de *Beyond the IEP*, de Janet DesGeorges, Sara Kennedy y Noëlle Opsahl: *Families*

and Educators Working Together in School Programs, folleto publicado por Colorado Hands & Voices. Puede encontrarlo en *www.cohandsandvoices.org*.

41 Ver la monografía de Andrew P. Kelly de 2014 "Turning Lightning into Electricity: Organizing Parents for Education Reform", publicado por el American Enterprise Institute for Public Policy. Encuéntralo en línea en *https://www.aei.org/wp-content/uploads/2014/12/Kelly_Turning-Lightning-Into-Electricity.pdf*.

42 La cita es de Janet DesGeorges, Sara Kennedy y Noëlle Opsahl, como ya se ha mencionado.

PARA MÁS INFORMACIÓN

Visita el sitio web de Novak Educación *www.novakeducation.com* para conocer más sobre el Diseño Universal para el Aprendizaje. El sitio ofrece muchos recursos gratuitos, así como cursos en línea y presenciales. Síguenos en las redes sociales:

- X: @KatieNovakUDL
- Facebook: *https://www.facebook.com/katienovakudl/*
- Instagram: katienovakudl
- LinkedIn: katienovakudl

CAST, la organización que creó el marco del DUA también ofrece un montón de recursos gratuitos y más de tres docenas de libros y productos sobre el DUA, incluidos varios de mis títulos, como el éxito de ventas ¡DUA Ahora! (disponible en inglés, español y audio). CAST literalmente escribió el manual sobre el DUA: *Diseño Universal para el Aprendizaje:* Marco, principios y práctica (2024). Visite castpublishing.org para más información sobre los libros y cast.org para todo lo demás. También puedes seguir a CAST en las redes sociales en:

- X: *@CAST_UDL*
- Facebook: *https://www.facebook.com/cast_udl/*
- Instagram: *CAST_UDL*
- LinkedIn: *CAST_UDL*

AGRADECIMIENTOS

Un libro publicado es la punta de una pirámide. Es la cúspide de un producto construido a lo largo del tiempo por muchas personas diferentes. La portada dice que yo escribí este libro, pero ninguna gran estructura se construye con las manos de una sola persona. Innumerables personas me han inspirado y empujado a escribir este libro y me han ayudado en el camino.

A David Gordon, por tu visión. Tuvimos la idea de escribir este libro para padres hace dos años. Cuando lo redacté la primera vez, me equivoqué por completo (¡no verás nada de esa versión en este libro!). Gracias por conocerme tan bien como para compartir esos comentarios con un café con leche en The Java Room, porque me enviaste por un camino diferente que ha marcado la diferencia. Gracias por conocerme tan bien y compartir tus impresiones con un café con leche en The Java Room, porque me has enviado por un camino diferente que ha marcado la diferencia. Quizá deberíamos celebrarlo con unas hamburguesas y unos batidos en Chelo's.

A Billie Fitzpatrick, por ser la mejor editora del universo. Cada vez que veo tus comentarios en rojo en el control de cambios, se que se avecina algo mágico. Tus comentarios son siempre reflexivos y magistrales, como si estuvieras dentro de la cabeza de todos los posibles lectores a la vez. Cuando estoy escribiendo, ahora voy a tener una musa imaginaria que me recuerda, "¿Qué diría Billie sobre esto?" Cuando esté escribiendo, voy a tener una musa imaginaria que me recuerde: "¿Qué diría Billie de esto?". Esperemos que este sea el principio de muchas colaboraciones.

A Lindie Johnson. "Hermanas, hermanas, nunca hubo hermanas tan devotas . . . " Ah, ¿cuántas veces hemos cantado ese clásico de Blanca Navidad? Te diría algo super cursi, pero sé que te reirías de mí por ello. Así que, en vez de eso, te daré las gracias por atender mis llamadas varias veces al día y por ser la mejor directora de marketing/ilustradora/mejor amiga/hermana del mundo. Si pudiera clonarte, lo haría. Desde el primer borrador de esta versión, que dijiste que estaba "todo desordenado", hasta las cientos de revisiones, todo mientras administrabas mi sitio web y renovabas mi casa, no podría lograr nada sin tu colaboración.

A mamá y papá. Gracias a Dios que el universo los eligió para ser mis padres. Desde muy joven creí que podía conseguir cualquier cosa. Me dejaron claro que no sería fácil y que tenía que estar dispuesta a luchar por ello, pero que todo lo que quisiera era mío. Les creí antes y ahora. Mucho de lo que me enseñaron ha llegado a este libro. A todos los maestros que han compartido su experiencia conmigo. Aunque ya no estoy en el aula, me siento muy orgullosa de que me inviten a entrar en la suya. Cuánto más aprendo sobre la enseñanza y el aprendizaje, y los veo en acción, más me comprometo a crear un sistema en el que todos ustedes tengan la oportunidad de ser tan creativos e innovadores como queremos que sean nuestros estudiantes. Este libro es para apoyar el trabajo de los maestros y el éxito de los estudiantes.

Gracias en especial a algunos de mis colegas: Karen Gartland, que contribuyó con su experiencia en matemáticas a este libro, y Kelly Cook, que inspiró la exploración lingüística de verano del DUA. Gracias también a mi familia de Groton-Dunstable; todos ustedes me demuestran cada día que cuando se empodera y valora a los maestros, se puede lograr cualquier cosa. Además, me mantienen realista, y por eso les estaré eternamente agradecida.

Y a mi marido Lon. ¿Por dónde empiezo? Siempre he dicho, y diré hasta mi último aliento, que eres la mejor decisión que he tomado en mi vida. La gente siempre te preguntará: "¿Cómo es que trabajas como superintendente adjunta, asesoras y aún tienes tiempo para escribir y criar a cuatro hijos?". Mi respuesta siempre es: "Lon Novak". Gracias por apoyar mis locas ideas, por hacer siempre el trabajo sin quejarte y por lavar mi ropa durante trece años seguidos. Algunos lo llamarán " habilitante", pero a mí me gusta llamarlo "el mejor marido del mundo". Literalmente, no te lo digo lo suficiente, pero todo lo que soy y todo lo que he conseguido es gracias a ti.

SOBRE LAS AUTORAS

KATIE NOVAK, EdD

Katie es una consultora educativa de renombre internacional, autora, profesora adjunta en UPenn y ex Superintendente Adjunta de Escuelas en Massachusetts. Es la fundadora y Directora Ejecutiva de Novak Education Consulting.

La Dra. Novak tiene más de 20 años de experiencia en enseñanza y administración, un doctorado obtenido en currículo y enseñanza, y es autora de 14 libros publicados, incluyendo los libros más vendidos ¡DUA Ahora!, Equidad por Diseño y El Cambio hacia el Liderazgo Estudiantil. Katie diseña y presenta oportunidades de aprendizaje profesional tanto a nivel nacional como internacional, centrándose en la implementación del Diseño Universal para el Aprendizaje (DUA), Sistemas de Apoyo de Múltiples Niveles (SAMN) y liderazgo diseñado universalmente. El trabajo de Novak ha sido destacado en muchas publicaciones, incluyendo Edutopia, Forbes, Mindshift, la revista ADDitude y Huffington Post.

PAULA F. GOLDBERG

Paula F. Goldberg fue cofundadora del PACER Center, una organización sin ánimo de lucro al servicio de niños, jóvenes y adultos jóvenes con todo tipo de discapacidades, y de sus familias. Al ver la necesidad de contar con defensores que ayudaran a las familias de las personas con discapacidad, Paula cofundó PACER en 1977 y fue su directora ejecutiva hasta su fallecimiento en 2022, convirtiendo una pequeña organización regional en una con repercusión nacional e internacional. Visita *www.pacer.org* para conocer más.

www.ingramcontent.com/pod-product-compliance
Lightning Source LLC
Chambersburg PA
CBHW070102080526
44586CB00013B/1155